대불정능엄신주

사경의 목적

사경은 경전의 뜻을 보다 깊이 이해하려는 목적도 있지만, 부처님의 말씀을 옮겨 쓰는 경건한 수행을 통해 자기의 신심信心과 원력을 부처님의 말씀과 일체화시켜서 신앙의 힘을 키워나가는데 더 큰 목적이 있다.

조용히 호흡을 가다듬고 부처님의 말씀을 마음으로 되새기며, 정신을 집중하여 사경에 임하다 보면 자신도 모르는 사이에 사경삼매에 들게 된다. 또한 심신心身이 청정해져 부처님의 마음과 통하게 되니, 부처님의 지혜의 빛과 자비광명이 우리의 마음속 깊이 스며들어 온다.

그러면 몸과 마음이 안락과 행복을 느끼면서 내 주변의 모든 존재에 대한 자비심이 일어나니, 사경의 공덕은 이렇듯 그 자리에서 이익을 가져온다.

사경하는 마음

경전에 표기된 글자는 단순한 문자가 아니라 부처님께서 깨달은 진리라는 상징성을 갖고 있다. 경전의 글자 하나하나가 중생구제를 서원하신 부처님의 마음이며, 중생을 진리의 길로 인도하는 지침인 것이다.

예로부터 사경을 하며 1자3배의 정성을 기울인 것도 경전의 한 글자 한 글자에 부처님이 함께하신다고 생각했기 때문이다. 사경이 수행인 동시에 기도의 일환으로 불자들에게 널리 행해지는 까닭이 여기에 있다.

사경은 부처님의 가르침과 함께하는 시간이며 부처님과 함께하는 시간이다. 부처님의 말씀을 가슴으로 받아들이고 마음으로 찬탄하며 진실로 기쁘게 환희로워야 하는 시간인 것이다.

따라서 사경은 가장 청정한 마음으로 임해야 한다.

사경의 공덕

❀ 마음이 안정되고 평화로워져 미소가 떠나질 않는다.

❀ 부처님을 믿는 마음이 더욱 굳건해진다.

※ 번뇌 망상, 어리석은 마음이 사라지고 지혜가 증장한다.
※ 생업이 더욱 번창한다.
※ 좋은 인연을 만나고 착한 선과가 날로 더해진다.
※ 업장이 소멸되며 소원한 바가 반드시 이루어진다.
※ 불보살님과 천지신명이 보호해 주신다.
※ 각종 질환이나 재난, 구설수 등 현실의 고苦를 소멸시킨다.
※ 선망조상이 왕생극락하고 원결 맺은 다겁생의 영가들이 이고득락離苦得樂한다.
※ 가정이 화목하고 자손들의 앞길이 밝게 열린다.

사경하는 절차

1. 몸을 깨끗이 하고 옷차림을 단정히 한다.
2. 사경할 준비를 갖춘다.(사경상, 좌복, 필기도구 등)
3. 삼배 후, 의식문이 있으면 의식문을 염송한다.
4. 좌복 위에 단정히 앉아 마음을 고요히 한다.
   (잠시 입정하면 더욱 좋다.)
5. 붓이나 펜으로 한 자 한 자 정성스럽게 사경을 시작한다.
6. 사경이 끝나면 사경 발원문을 염송한다.
7. 삼배로 의식을 마친다.

◆ 기도를 더 하고 싶을 때에는 사경이 끝난 뒤, 경전 독송이나 108배 참회기도, 또는 그날 사경한 내용을 참구하는 명상 시간을 갖는 것도 좋다.

◆ 사경에 사용하는 붓이나 펜은 사경 이외의 다른 용도에 사용하지 않도록 한다.

◆ 완성된 사경은 집안에서 가장 정갈한 곳(혹은 높은 곳)에 보관하거나, 경건하게 소각시킨다.

발 원 문

년 월 일

대불정능엄신주

백산개다라니(白傘蓋陀羅尼)

스타타가토 스니삼 시타타 파트람 아파라지

탐 프라튱기람 다라니

제1회 비로진법회(毘盧眞法會)

나망 사르바 붇다 보디사트 베뱌 나모 삽타

남 사먁 삼붇다 코티남 사스라바카 삼가남

나모 로케아르 한타남 나모 스로타 판나남

나모 스크르타 가미남 나모 아나 가미남 나

모 로케 사먁 가타남 사먁 프라티 판나남 나

모 라트나트 라야야 나모 바가바테 드르다

수라세나 프라하라 나라자야 타타가타 야아
르하테 사먁삼붇다야 나모 바가바테 아미타
바야 타타가타 야아르하테 사먁삼붇다야 나
모 바가바테 악소바야 타타가타 야아르하테
사먁삼붇다야 나모 바가바테 바이사이 쟈구
루 바이투랴 프라바라자야 타타가타 야아르
하테 사먁삼붇다야 나모 바가바테 삼푸스 피
타사렌 드라라자야 타타가타 야아르하테
사먁삼붇다야 나모 바가바테 사캬무나예 타
타가타 야아르하테 사먁삼붇다야 나모 바가
바테 라트나 쿠수마 케투라자야 타타가타 야
아르하테 사먁삼붇다야 나모 바가바테 타타
가타 쿠라야 나모 바가바테 파드마 쿠라야
나모 바가바테 바즈라 쿠라야 나모 바가바테
마니 쿠라야 나모 바가바테 가르자 쿠라야
나모 데바르시남 나모 싣다 비댜 다라남 나
모 싣다 비댜 다라르시남 사파누그라하 사마

르타남 나모 브라흐마네 나모 인드라야 나모
바가바테 루드라야 우마파티사 헤야야 나모
나라 야나야 락삼미사 헤야야 팜차 마하 무
드라 나마 스크르타야 나모 마하 카라야 트
리푸라 나가라 비드라파나 카라야 아디묵토
카 스마사나 바시니 마트르가나 나맣 스크르
타야 에뵤 나맣 스크르트바 이맘 바가바타
스타타가토스니삼 시타타파트람 나마 파라
지타 프라튱기람 사르바데바 나마 스크르탐
사르바데 베뱧 푸지탐 사르바데 베스차 파리
파리탐 사르바 부타그라하 니그라하 카림 파
라비댜 체다나 카림 두남타남 사트바남 다마
캄 두스타남 니바라남 아카라므르튜 프라사
마나 카림 사르바 반다 나목 사나 카림 사르
바 두스타 두스바프 나니바라남 차투라 시티
남 그라하사 하스라남 비드밤사나 카림 아스
타빔 사티남 낙사트라남 프라사다나 카림 아

스타남 마하 그라하남 비드밤사나 카림 사르
바 사트루니 바라님 구람 두스바프 나남차
나사님 비사사 스트라 아그니우다 카우 트라
님 아파라 지타구라 마하 찬남 마하 디프탐
마하 테잠 마하 스베탐 즈바라 마하 바라 스
리야 판다라 바시님 아랴타라 브르구팀 체바
잠 바즈라 마레티 비스루탐 파드마크맘 바즈
라 지흐바차 마라체바 파라지타 바즈라 단디
비사라차 산타바이데하 프지타 사이미루파
마하 스베타 아랴타라 마하 바라 아파라 바
즈라 상카라 체바 바즈라 코마리 쿠란다리
바즈라 하스타차 마하 비댜 타타캄차 나마리
카 쿠숨 바라타나 체바 바이로차나 쿠다르
토스니사 비즈름 바마나차 바즈라 카나카 프
라 바로차나 바즈라 툰디차 스베타차 카마락
사 사시프라바 이테테 무드라가나 사르베락
삼 쿠르반투 마마샤

제2회 석존응화회(釋尊應化會)

옴 리시가나 프라사스타 타타가토 스니사 훔

브룸 잠바나 훔브룸 스탐바나 훔브룸 보하나

훔브룸 마타나 훔브룸 파라비다 삼박사나카

라 훔브룸 사르바 두스타남 스탐바나카라 훔

브룸 사르바 약사 락사사 그라하남 비드밤사

나 카라 훔브룸 차투라시티남 그라하사 하스

라남 비나사나 카라 훔브룸 아스타빔 사티남

낙사 트라남 프라사다나 카라 훔브룸 아스타

남 마하 그라하남 비드밤사나카라 락사락사

맘 바가밤 스타타가토스니사 마하 프라튱기

레 마하 사하스라부제 사하스라 시르사이 코

티사타 사하스라 네트레 아벰다 즈바리타 타나

타나카 마하 바즈로다라 트르부바나 만다라

옴 스바스티르 바바투 마마

제3회 관음합동회(觀音合同會)

라자 바야 초라 바야 아그니 바야 우다카 바

야 비사 바야 사스트라 바야 파라차크라 바

야 두르빅사 바야 아사니 바야 아카라므르튜

바야 다라니부미 참파 바야 우르카파타 바야

라자단다 바야 나가바야 비듀바야 수프라니

바야 약사 그라하 락사사 그라하 프레타 그

라하 피사차 그라하 부타 그라하 쿰반다 그

라하 푸타나 그라하 카타푸타나 그라하 스칸

다 그라하 아파스마라 그라하 운마다 그라하

차야 그라하 레바티 그라하 우자 하리냐 가

르바 하리냐 자타 하리냐 지비타 하리냐 루

디라 하리냐 바사 하리냐 맘사 하리냐 메다

하리냐 마자 하리냐 반타 하리냐 아수챠 하

리냐 치차 하리냐 테삼 사르베삼 사르바 그

라하남 비담 친다야미 키라야미 파리브라자

카 크르탐 비담 친다야미 키라야미 다카다키

니 크르탐 비담 친다야미 키라야미 마하 파

수파티 루드라 크르탐 비담 친다야미 키라야

미 타트바가루 다사헤야 크르탐 비담 친다야
미 키라야미 마하 카라 마트르가나 크르탐
비담 친다야미 키라야미 카파리카 크르탐
비담 친다야미 키라야미 자야카라 마두카라
사르바르타 사다나 크르탐 비담 친다야미 키
라야미 차투르바기니 크르탐 비담 친다야미
키라야미 브룽기리티카 난디 케스바라 가나
파티 사헤야 크르탐 비담 친다야미 키라야미
나그나스 라마나 크르탐 비담 친다야미 키라
야미 아르한타 크르탐 비담 친다야미 키라야
미 비타라가 크르탐 비담 친다야미 키라야미
바즈라파니 크르탐 비담 친다야미 키라야미
브라흐마 크르탐 루드라 크르탐 나라야나 크
르탐 비담 친다야미 키라야미 바즈라파니 구
햐카디파티 크르탐 비담 친다야미 키라야미
락사 락사 맘

제4회 강장절섭회(剛藏折攝會)

바가밤 시타타파트라 나모 스투테 아시타 나라르카 프라바스푸타 비카 시타타파트레 즈바라 즈바라 다카 다카 비다카 비다카 다라 다라 비다라 비다라 친다 친다 빈다 빈다 흠 흠 파트 파트 스바하 헤헤 파트 아모가야 파트 아프라티 하타야 파트 바라 프라다야 파트 아수라 비드라 파카야 파트 사르바 데베뱌 파트 사르바 나게뱌 파트 사르바 약세뱌 파트 사르바 락사세뱌 파트 사르바 가루데뱌 파트 사르바 간다르베뱌 파트 사르바 아수레뱌 파트 사르바 킨다레뱌 파트 사르바 마호라 게뱌파트 사르바 부테뱌 파트

사르바 피사 체뱌 파트 사르바 큼반 데뱌 파트 사르바 푸타 네뱌 파트 사르바 카타푸타 네뱌 파트 사르바 두르람기 테뱌 파트 사르바 두스프렉시 테뱌 파트 사르바 즈바 레뱌

파트 사르바 아파스마 레방 파트 사르바 스
리마 네방 파트 사르바 티르리 제방 파트 사
르바 운맘 데방 파트 사르바 비다 차례방 파
트 자야카라 마두카라 사르바르타 사다케뵤
비다 차례방 파트 차투르 바기니방 파트 바
즈라 코마리 쿠란다리 비다라 제방 파트 마
하 프라튱기 레방 파트 바즈라 상카라야 프
라튱기라 라자야 파트 마하 카라야 마트르가
나 나마 스크르타야 파트 인드라야 파트 브
라흐미니예 파트 루드라야 파트 비스나비예
파트 비스네비예 파트 브라흐미예 파트 아그
니예 파트 마하 카리예 파트 로드리예 파트
카라 단디예 파트 아인드리예 파트 마트리예
파트 차문디예 파트 카라라 트리예 파트 카
파리예 파트 아디묵토카 스마사나 바시니예
파트 예케 칠타 사트바 마마

제5회 문수홍전회(文殊弘傳會)

두스타 칠타 파파 칠타 로드라 칠타 비드바
이사 칠타 아마이트라 칠타 우트파다 얀티
키라 얀티 만트라 얀티 자판티 조한티 우자
하라 가르바 하라 루디라 하라 맘사 하라 메
다 하라 마자 하라 바사 하라 자타 하라 지
비타 하라 마랴 하라 바랴 하라 간다 하라
푸스파 하라 파라 하라 사샤 하라 파파 칠타
두스타 칠타 데바 그라하 나가 그라하 약사
그라하 락사사 그라하 아수라 그라하 가루나
그라하 킨다라 그라하 마호라가 그라하 프레
타 그라하 피사차 그라하 부타 그라하 푸타
나 그라하 카타푸타나 그라하 쿰반다 그라하
스칸다 그라하 운마다 그라하 차야 그라하
아파스마라 그라하 다카다키니 그라하 레바
티 그라하 자미카 그라하 사쿠니 그라하 난
디카 그라하 람비카 그라하 칸타파니 그라하

즈바라 에카히카 드바이 티야카 트레 티야카
차투르티카 니타 즈바라 비사마 즈바라 바티
카 파이티키 스레스미카 산디 파티카 사르바
즈바라 시로르티 아르다바 베다카 아로차카
악시로감 무카로감 흐르드로감 카르나 수람
단다 수람 흐르다야 수람 마르마 수람 파라
스바 수람 프르스타 수람 우다라 수람 카티
수람 바스티 수람 우루 수람 장가 수람 하스
타 수람 파다 수람 사르방가 프라튱가 수람
부타 베타다 다카다키니 즈바라 다드루 칸듀
키티 바로타바이 사르파로 하링가 소사트라
사가라 비사요가 아그니 우다카 마라베라 칸
타라 아카라므르튜 트라이 무카 트라이라 타
카 브르스치카 사르파나쿠라 싱하 뱌그라 릭
사 타라 릭사 차마라 지비베 테삼 사르베삼
시타타 파트라 마하 바즈로 오스니삼 마하
프라 튱기람 야바드바 다사요자나 반타레나

사마 반담 카로미 디사 반담 카로미 파리비
다 반담 카로미 테조 반담 카로미 하스타 반
담 카로미 파다 반담 카로미 사르방가 프라
튱가 반담 카로미
『타다타 옴 아나레 아나레 비사다 비사다 반
다 반다 반다니 반다니 바이라 바즈라 파니
파트 훔브룸 파트 스바하 나모 스타타 가타
야 수가타 야르하테 사먁삼붇다야 시담투 반
트라 파다 스바하』

법신진언 法身眞言
『옴 아비라 훔 캄 스바하』(108독)

불기 25　년　월　일　사경

대불정능엄신주

백산개다라니(白傘蓋陀羅尼)

스타타가토 스니삼 시타타 파트람 아파라지
탐 프라튱기람 다라니

제1회 비로진법회(毘盧眞法會)

나망 사르바 붇다 보디사트 베뱡 나모 삽타
남 사먁 삼붇다 코티남 사스라바카 삼가남
나모 로케아르 한타남 나모 스로타 판나남
나모 스크르타 가미남 나모 아나 가미남 나
모 로케 사먁 가타남 사먁 프라티 판나남 나
모 라트나트 라야야 나모 바가바테 드르다

수리세나 프라하라 나라자야 타타가타 야아
르하테 사먁삼붇다야 나모 바가바테 아미타
바야 타타가타 야아르하테 사먁삼붇다야 나
모 바가바테 악소바야 타타가타 야아르하테
사먁삼붇다야 나모 바가바테 바이사이 쟈구
루 바이투랴 프라바라자야 타타가타 야아르
하테 사먁삼붇다야 나모 바가바테 삼푸스 피
타사렌 드라라자야 타타가타 야아르하테
사먁삼붇다야 나모 바가바테 사캬무나예 타
타가타 야아르하테 사먁삼붇다야 나모 바가
바테 라트나 쿠수마 케투라자야 타타가타 야
아르하테 사먁삼붇다야 나모 바가바테 타타
가타 쿠라야 나모 바가바테 파드마 쿠라야
나모 바가바테 바즈라 쿠라야 나모 바가바테
마니 쿠라야 나모 바가바테 가르자 쿠라야
나모 데바르시남 나모 싣다 비댜 다라남 나
모 싣다 비댜 다라르시남 사파누그라하 사마

트리남 나모 브라흐마네 나모 인드라야 나모
바가바테 루드라야 우마파티사 헤야야 나모
나라 야나야 락삼미사 헤야야 팜차 마하 무
드라 나마 스크르타야 나모 마하 카라야 트
리푸라 나가라 비드라파나 카라야 아디묵토
카 스마사나 바시니 마트르가나 나망 스크르
타야 에뵤 나망 스크르트바 이맘 바가바타
스타타가토스니삼 시타타파트람 나마 파라
지타 프라튱기람 사르바데바 나마 스크르탐
사르바데 베뱡 푸지탐 사르바데 베스차 파리
파리탐 사르바 부타그라하 니그라하 카림 파
라비다 체다나 카림 두남타남 사트바남 다마
캄 두스타남 니바라남 아카라므르튜 프라사
마나 카림 사르바 반다 나목 사나 카림 사르
바 두스타 두스바프 나니바라남 차투라 시티
남 그라하사 하스라남 비드밤사나 카림 아스
타빔 사티남 낙사트라남 프라사다나 카림 아

스타남 마하 그라하남 비드밤사나 카림 사르
바 사트루니 바라님 구람 두스바프 나남차
나사님 비사사 스트라 아그니우다 카우 트라
님 아파라 지타구라 마하 찬남 마하 디프탐
마하 테잠 마하 스베탐 즈바라 마하 바라 스
리야 판다라 바시님 아라타라 브르쿠팀 체바
잠 바즈라 마레티 비스루탐 파드마크맘 바즈
라 지흐바차 마라체바 파라지타 바즈라 단디
비사라차 산타바이데하 푸지타 사이미루파
마하 스베타 아라타라 마하 바라 아파라 바
즈라 상카라 체바 바즈라 코마리 쿠란다리
바즈라 하스타차 마하 비다 타타캄차 나마리
카 쿠숨 바라타나 체바 바이로차나 쿠다르
토스니사 비즈름 바마나차 바즈라 카나카 프
라 바로차나 바즈라 툰디차 스베타차 카마락
사 사시프라바 이테테 무드라가나 사르베락
삼 쿠르반투 마마사

제2회 석존응화회(釋尊應化會)

옴 리시가나 프라사스타 타타가토 스니사 훔
브륨 잠바나 훔브륨 스탐바나 훔브륨 보하나
훔브륨 마타나 훔브륨 파라비다 삼박사나카
라 훔브륨 사르바 두스타남 스탐바나카라 훔
브륨 사르바 약사 락사사 그라하남 비드밤사
나 카라 훔브륨 차투라시티남 그라하사 하스
라남 비나사나 카라 훔브륨 아스타빔 사티남
낙사 트라남 프라사다나 카라 훔브륨 아스타
남 마하 그라하남 비드밤사나카라 락사락사
맘 바가밤 스타타가토스니사 마하 프라튱기
레 마하 사하스라부제 사하스라 시르사이 코
티사타 사하스라 네트레 아벰다 즈바리 타나
타나카 마하 바즈로다라 트르부바나 만다라
옴 스바스티르 바바투 마마

제3회 관음합동회(觀音合同會)

라자 바야 초라 바야 아그니 바야 우다카 바

야 비사 바야 사스트라 바야 파라차크라 바

야 두르빅사 바야 아사니 바야 아카라므르쥬

바야 다라니부미 캄파 바야 우르카파타 바야

라자단다 바야 나가바야 비듀바야 수프라니

바야 약사 그라하 락사사 그라하 프레타 그

라하 피사차 그라하 부타 그라하 굼반다 그

라하 푸타나 그라하 카타푸타나 그라하 스칸

다 그라하 아파스마라 그라하 운마다 그라하

차야 그라하 레바티 그라하 우자 하리나 가

르바 하리나 자타 하리나 지비타 하리나 루

디라 하리나 바사 하리나 맘사 하리나 메다

하리나 마자 하리나 반타 하리나 아수차 하

리나 치차 하리나 테삼 사르베삼 사르바 그

라하남 비댜 친다야미 키라야미 파리브라자

카 크르탐 비댜 친다야미 키라야미 다카다키

니 크르탐 비댜 친다야미 키라야미 마하 파

수파티 루드라 크르탐 비댜 친다야미 키라야

미 타트바가루 다사헤야 크르탐 비담 친다야

미 키라야미 마하 카라 마트르가나 크르탐

비담 친다야미 키라야미 카파리카 크르탐

비담 친다야미 키라야미 자야카라 마두카라

사르바르타 사다나 크르탐 비담 친다야미 키

라야미 차투르바기니 크르탐 비담 친다야미

키라야미 브릉기리티카 난디 케스바라 가나

파티 사헤야 크르탐 비담 친다야미 키라야미

나그나스 라마나 크르탐 비담 친다야미 키라

야미 아르한타 크르탐 비담 친다야미 키라야

미 비타라가 크르탐 비담 친다야미 키라야미

바즈라파니 크르탐 비담 친다야미 키라야미

브라흐마 크르탐 루드라 크르탐 나라야나 크

르탐 비담 친다야미 키라야미 바즈라파니 구

햐카디파티 크르탐 비담 친다야미 키라야미

락사 락사 맘

제4회 강장절섭회(剛藏折攝會)

바가밤 시타타파트라 나모 스투테 아시타 나
라르카 프라바스푸타 비카 시타타파트레 즈
바라 즈바라 다카 다카 비다카 비다카 다라
다라 비다라 비다라 친다 친다 빈다 빈다 훔
훔 파트 파트 스바하 헤헤 파트 아모가야 파
트 아프라티 하타야 파트 바라 프라다야 파
트 아수라 비드라 파카야 파트 사르바 데
베뱡 파트 사르바 나게뱡 파트 사르바 약
세뱡 파트 사르바 락사세뱡 파트 사르바 가
루데뱡 파트 사르바 간다르베뱡 파트 사르바
아수레뱡 파트 사르바 킨다레뱡 파트 사르바
마호라 게뱡파트 사르바 부테뱡 파트
사르바 피사 체뱡 파트 사르바 쿰반 데뱡 파
트 사르바 푸타 네뱡 파트 사르바 카타푸타
네뱡 파트 사르바 두르랑기 테뱡 파트 사르
바 두스프렉시 테뱡 파트 사르바 즈바 레뱡

파트 사르바 아파스마 레방 파트 사르바 스
라마 네방 파트 사르바 티르티 체방 파트 사
르바 운맘 데방 파트 사르바 비다 차례방 파
트 자야카라 마두카라 사르바르타 사다케뵤
비다 차례방 파트 차투르 바기니방 파트 바
즈라 코마리 쿠란다리 비다라 제방 파트 마
하 프라튱기 례방 파트 바즈라 상카라야 프
라튱기라 라자야 파트 마하 카라야 마트르가
나 나마 스크르타야 파트 인드라야 파트 브
라흐미니예 파트 루드라야 파트 비스나비예
파트 비스네비예 파트 브라흐미예 파트 아그
니예 파트 마하 카리예 파트 로드리예 파트
카라 단디예 파트 아인드리예 파트 마트리예
파트 차문디예 파트 카라라 트리예 파트 카
파리예 파트 아디묵토카 스마사나 바시니예
파트 예케 칠타 사트바 마마

제5회 문수홍전회(文殊弘傳會)

두스타 칠타 파파 칠타 로드라 칠타 비드바
이사 칠타 아마이트라 칠타 우트파다 얀티
키라 얀티 만트라 얀티 자판티 조한티 우자
하라 가르바 하라 루디라 하라 맘사 하라 메
다 하라 마자 하라 바사 하라 자타 하라 지
비타 하라 마랴 하라 바랴 하라 간다 하라
푸스파 하라 파라 하라 사샤 하라 파파 칠타
두스타 칠타 데바 그라하 나가 그라하 약사
그라하 락사사 그라하 아수라 그라하 가루나
그라하 킨다라 그라하 마호라가 그라하 프레
타 그라하 피사차 그라하 부타 그라하 푸타
나 그라하 카타푸타나 그라하 쿰반다 그라하
스칸다 그라하 운마다 그라하 차야 그라하
아파스마라 그라하 다카다키니 그라하 레바
티 그라하 자미카 그라하 사쿠니 그라하 난
디카 그라하 람비카 그라하 칸타파니 그라하

즈바라 에카히카 드바이 티야카 트레 티야카
차투르타카 니타 즈바라 비사마 즈바라 바티
카 파이티키 스레스미카 산디 파티카 사르바
즈바라 시로르티 아르다바 베다카 아로차카
약시로감 무카로감 흐르드로감 카르나 수람
단타 수람 흐르다야 수람 마르마 수람 파라
스바 수람 프르스타 수람 우다라 수람 카티
수람 바스티 수람 우루 수람 잠가 수람 하스
타 수람 파다 수람 사르방가 프라튱가 수람
부타 베타다 다카다키니 즈바라 다드루 칸듀
키티 바로타바이 사르파로 하링가 소사트라
사가라 비사요가 아그니 우다카 마라베라 칸
타라 아카라므르튜 트라이 무카 트라이라 타
카 브르스치카 사르파나쿠라 심하 뱌그라 릭
사 타라 릭사 차마라 지비베 테삼 사르베삼
시타타 파트라 마하 바즈로 오스니삼 마하
프라 튱기람 야바드바 다사요자나 반타레나

사마 반담 카로미 디사 반담 카로미 파라비다 반담 카로미 테조 반담 카로미 하스타 반담 카로미 파다 반담 카로미 사르방가 프라튱가 반담 카로미

『타다타 옴 아나레 아나레 비사다 비사다 반다 반다 반다니 반다니 바이라 바즈라 파니파트 훔브룸 파트 스바하 나모 스타타 가타야 수가타 야르하테 사먁삼붇다야 시댬투 반트라 파다 스바하』

법신진언 法身眞言

『옴 아비라 훔 캄 스바하』(108독)

불기 25 년 월 일 사경

대불정능엄신주

백산개다라니(白傘蓋陀羅尼)

스타타가토 스니삼 시타타 파트람 아파라지

탐 프라튱기람 다라니

제1회 비로진법회(毘盧眞法會)

나맣 사르바 붇다 보디사트 베뱧 나모 삽타

남 사먁 삼붇다 코티남 사스라바카 삼가남

나모 로케아르 한타남 나모 스로타 판나남

나모 스크르타 가미남 나모 아나 가미남 나

모 로케 사먁 가타남 사먁 프라티 판나남 나

모 라트나트 라야야 나모 바가바테 드르다

수리세나 프라하라 나라자야 타타가타 야아
르하테 사먁삼붇다야 나모 바가바테 아미타
바야 타타가타 야아르하테 사먁삼붇다야 나
모 바가바테 악소바야 타타가타 야아르하테
사먁삼붇다야 나모 바가바테 바이사이 자구
루 바이투랴 프라바라자야 타타가타 야아르
하테 사먁삼붇다야 나모 바가바테 삼푸스 피
타사렌 드라라자야 타타가타 야아르하테
사먁삼붇다야 나모 바가바테 사캬무나예 타
타가타 야아르하테 사먁삼붇다야 나모 바가
바테 라트나 쿠수마 케투라자야 타타가타 야
아르하테 사먁삼붇다야 나모 바가바테 타타
가타 쿠라야 나모 바가바테 파드마 쿠라야
나모 바가바테 바즈라 쿠라야 나모 바가바테
마니 쿠라야 나모 바가바테 가르자 쿠라야
나모 데바르시남 나모 싣다 비다 다라남 나
모 싣다 비다 다라르시남 사파누그라하 사마

르타남 나모 브라흐마네 나모 인드라야 나모
바가바테 루드라야 우마파티사 헤야야 나모
나라 야나야 락삼미사 헤야야 팜차 마하 무
드라 나마 스크르타야 나모 마하 카라야 트
리푸라 나가라 비드라파나 카라야 아디묵토
카 스마사나 바시니 마트르가나 나맣 스크르
타야 에뵤 나맣 스크르트바 이맘 바가바타
스타타가토스니삼 시타타파트람 나마 파라
지타 프라튱기람 사르바데바 나마 스크르탐
사르바데 베뱧 푸지탐 사르바데 베스차 파리
파리탐 사르바 부타그라하 니그라하 카림 파
리비다 체다나 카림 두남타남 사트바남 다마
캄 두스타남 니바라남 아카라므르튜 프라사
마나 카림 사르바 반다 나목 사나 카림 사르
바 두스타 두스바프 나니바라남 차투라 시티
남 그라하사 하스라남 비드밤사나 카림 아스
타빔 사티남 낙사트라남 프라사다나 카림 아

스타남 마하 그라하남 비드밤사나 카림 사르
바 사트루니 바라님 구람 두스바프 나남차
나사님 비사사 스트라 아그니우다 카우 트라
님 아파라 지타구라 마하 찬남 마하 디프탐
마하 테잠 마하 스베탐 즈바라 마하 바라 스
리야 판다라 바시님 아랴타라 브르쿠팀 체바
잠 바즈라 마레티 비스루탐 파드마크맘 바즈
라 지흐바차 마라체바 파라지타 바즈라 단디
비사라차 산타바이데하 푸지타 사이미루파
마하 스베타 아랴타라 마하 바라 아파라 바
즈라 상카라 체바 바즈라 코마리 쿠란다리
바즈라 하스타차 마하 비댜 타타캄차 나마리
카 쿠숨 바라타나 체바 바이로차나 쿠다르
토스니사 비즈름 바마나차 바즈라 카나카 프
라 바로차나 바즈라 튼디차 스베타차 카마락
사 사시프라바 이테테 무드라가나 사르베락
삼 쿠르반투 마마샤

제2회 석존응화회(釋尊應化會)

옴 리시가나 프라사스타 타타가토 스니사 훔 브룸 잠바나 훔브룸 스탐바나 훔브룸 보하나 훔브룸 마타나 훔브룸 파라비다 삼박사나카라 훔브룸 사르바 두스타남 스탐바나카라 훔브룸 사르바 약사 락사사 그라하남 비드밤사나 카라 훔브룸 차투라시티남 그라하사 하스라남 비나사나 카라 훔브룸 아스타빔 사티남 낙사 트라남 프라사다나 카라 훔브룸 아스타남 마하 그라하남 비드밤사나카라 락사락사밤 바가밤 스타타가토스니사 마하 프라튱기레 마하 사하스라부제 사하스라 시르사이 코티사타 사하스라 네트레 아벰다 즈바리 타나타나카 마하 바즈로다라 트르부바나 만다라 옴 스바스티르 바바투 마마

제3회 관음합동회(觀音合同會)

라자 바야 초라 바야 아그니 바야 우다카 바

야 비사 바야 사스트라 바야 파라차크라 바
야 두르빅사 바야 아사니 바야 아카라므르튜
바야 다라니부미 캄파 바야 우르카파타 바야
라자단다 바야 나가바야 비듀바야 수프라니
바야 약사 그라하 락사사 그라하 프레타 그
라하 피사차 그라하 부타 그라하 쿰반다 그
라하 푸타나 그라하 카타푸타나 그라하 스칸
다 그라하 아파스마라 그라하 운마다 그라하
차야 그라하 레바티 그라하 우자 하리냐 가
르바 하리냐 자타 하리냐 지비타 하리냐 루
디라 하리냐 바사 하리냐 맘사 하리냐 메다
하리냐 마자 하리냐 반타 하리냐 아수챠 하
리냐 치차 하리냐 테삼 사르베삼 사르바 그
라하남 비담 친다야미 키라야미 파리브라자
카 크르탐 비담 친다야미 키라야미 다카다키
니 크르탐 비담 친다야미 키라야미 마하 파
수파티 루드라 크르탐 비담 친다야미 키라야

미 타트바가루 다사헤야 크르탐 비담 친다야
미 키라야미 마하 카라 마트르가나 크르탐
비담 친다야미 키라야미 카파리카 크르탐
비담 친다야미 키라야미 자야카라 마두카라
사르바르타 사다나 크르탐 비담 친다야미 키
라야미 차투르바기니 크르탐 비담 친다야미
키라야미 브름기리티카 난디 케스바라 가나
파티 사헤야 크르탐 비담 친다야미 키라야미
나그나스 라마나 크르탐 비담 친다야미 키라
야미 아르한타 크르탐 비담 친다야미 키라야
미 비타라가 크르탐 비담 친다야미 키라야미
바즈라파니 크르탐 비담 친다야미 키라야미
브라흐마 크르탐 루드라 크르탐 나라야나 크
르탐 비담 친다야미 키라야미 바즈라파니 구
햐카디파티 크르탐 비담 친다야미 키라야미
락사 락사 맘

제4회 강장절섭회(剛藏折攝會)

바가밤 시타타파트라 나모 스투테 아시타 나
라르카 프라바스푸타 비카 시타타파트레 즈
바라 즈바라 다카 다카 비다카 비다카 다라
다라 비다라 비다라 친다 친다 빈다 빈다 훔
훔 파트 파트 스바하 헤헤 파트 아모가야 파
트 아프라티 하타야 파트 바라 프라다야 파
트 아수라 비드라 파카야 파트 사르바 데
베뱌 파트 사르바 나게뱌 파트 사르바 약
세뱌 파트 사르바 락사세뱌 파트 사르바 가
루데뱌 파트 사르바 간다르베뱌 파트 사르바
아수레뱌 파트 사르바 킨다레뱌 파트 사르바
마호라 게뱌파트 사르바 부테뱌 파트
사르바 피사 체뱌 파트 사르바 쿰반 데뱌 파
트 사르바 푸타 네뱌 파트 사르바 카타푸타
네뱌 파트 사르바 두르랑기 테뱌 파트 사르
바 두스프렉시 테뱌 파트 사르바 즈바 레뱌

파트 사르바 아파스마 례뱡 파트 사르바 스
리마 녜뱡 파트 사르바 티르티 케뱡 파트 사
르바 운맘 데뱡 파트 사르바 비댜 차례뱡 파
트 자야카라 마두카라 사르바르타 사다케뱧
비댜 차례뱡 파트 차투르 바기니뱡 파트 바
즈라 코마리 쿠란다리 비댜라 제뱡 파트 마
하 프라튱기 례뱡 파트 바즈라 상카라야 프
라튱기라 라자야 파트 마하 카라야 마트르가
나 나마 스크르타야 파트 인드라야 파트 브
라흐미니예 파트 루드라야 파트 비스나비예
파트 비스네비예 파트 브라흐미예 파트 아그
니예 파트 마하 카리예 파트 로드리예 파트
카라 단디예 파트 아인드리예 파트 마트리예
파트 차문디예 파트 카라라 트리예 파트 카
파리예 파트 아디묵토카 스마사나 바시니예
파트 예케 칠타 사트바 마마

제5회 문수홍전회(文殊弘傳會)

두스타 칠타 파파 칠타 로드라 칠타 비드바
이사 칠타 아마이트라 칠타 우트파다 얀티
키라 얀티 만트라 얀티 자판티 조한티 우자
하라 가르바 하라 루디라 하라 맘사 하라 메
다 하라 마자 하라 바사 하라 자타 하라 지
비타 하라 마랴 하라 바랴 하라 간다 하라
푸스파 하라 파라 하라 사샤 하라 파파 칠타
두스타 칠타 데바 그라하 나가 그라하 약사
그라하 락사사 그라하 아수라 그라하 가루나
그라하 킨다라 그라하 마호라가 그라하 프레
타 그라하 피사차 그라하 부타 그라하 푸타
나 그라하 카타푸타나 그라하 쿰반다 그라하
스칸다 그라하 운마다 그라하 차야 그라하
아파스마라 그라하 다카다키니 그라하 레바
티 그라하 자미카 그라하 사쿠니 그라하 난
디카 그라하 람비카 그라하 칸타파니 그라하

즈바라 에카히카 드바이 티야카 트레 티야카
차투르타카 니타 즈바라 비사마 즈바라 바티
카 파이티키 스레스미카 산디 파티카 사르바
즈바라 시로르티 아르다바 베다카 아로차카
악시로감 무카로감 흐르드로감 카르니 수람
단타 수람 흐르다야 수람 마르마 수람 파라
스바 수람 프르스타 수람 우다라 수람 카티
수람 바스티 수람 우루 수람 잠가 수람 하스
타 수람 파다 수람 사르방가 프라튱가 수람
부타 베타다 다카다키니 즈바라 다드루 칸듀
키티 바로타바이 사르파로 하링가 소사트라
사가라 비사요가 아그니 우다카 마라베라 칸
타라 아카라므르듀 트라이 무카 트라이라 타
카 브르스치카 사르파나쿠라 심하 뱌그라 릭
사 타라 릭사 차마라 지비베 테삼 사르베삼
시타타 파트라 마하 바즈로 오스니삼 마하
프라 튱기람 야바드바 다사요자나 반타레나

사마 반담 카로미 디사 반담 카로미 파리비
다 반담 카로미 테조 반담 카로미 하스타 반
담 카로미 파다 반담 카로미 사르방가 프라
튱가 반담 카로미

『타다타 옴 아나레 아나레 비사다 비사다 반
다 반다 반다니 반다니 바이라 바즈라 파니
파트 훔브룸 파트 스바하 나모 스타타 가타
야 수가타 야르하테 사먁삼붇다야 시담투 반
트라 파다 스바하』

법신진언 法身眞言

『옴 아비라 훔 캄 스바하』(108독)

불기 25 년 월 일 사경

대불정능엄신주

백산개다라니(白傘蓋陀羅尼)

스타타가토 스니삼 시타타 파트람 아파라지

탐 프라튱기람 다라니

제1회 비로진법회(毘盧眞法會)

나망 사르바 붇다 보디사트 베뱌 나모 삽타

남 사먁 삼붇다 코티남 사스라바카 삼가남

나모 로케아르 한타남 나모 스로타 판나남

나모 스크르타 가미남 나모 아나 가미남 나

모 로케 사먁 가타남 사먁 프라티 판나남 나

모 라트나트 라야야 나모 바가바테 드르다

수리세나 프리하리 나리자야 타타가타 야아

르하테 사먁삼붇다야 나모 바가바테 아미타

바야 타타가타 야아르하테 사먁삼붇다야 나

모 바가바테 악소바야 타타가타 야아르하테

사먁삼붇다야 나모 바가바테 바이사이 자구

루 바이투랴 프리바리자야 타타가타 야아르

하테 사먁삼붇다야 나모 바가바테 삼푸스 피

타사렌 드리리자야 타타가타 야아르하테

사먁삼붇다야 나모 바가바테 사캬무니예 타

타가타 야아르하테 사먁삼붇다야 나모 바가

바테 라트나 쿠수마 케투리자야 타타가타 야

아르하테 사먁삼붇다야 나모 바가바테 타타

가타 쿠리야 나모 바가바테 파드마 쿠리야

나모 바가바테 바즈라 쿠리야 나모 바가바테

마니 쿠리야 나모 바가바테 가르자 쿠리야

나모 데바르시남 나모 싣다 비댜 다라남 나

모 싣다 비댜 다라르시남 사파누그라하 사마

트라남 나모 브라흐마네 나모 인드라야 나모
바가바데 루드라야 우마파티사 혜야야 나모
나라 야나야 락삼미사 혜야야 팜차 마하 무
드라 나마 스크르타야 나모 마하 카라야 트
리푸라 나가라 비드라파나 카라야 아디묵토
카 스마사나 바시니 마트르가나 나망 스크르
타야 에뵤 나망 스크르트바 이맘 바가바타
스타타가토스니삼 시타타파트람 나마 파라
지타 프라튱기람 사르바데바 나마 스크르탐
사르바데 베뱡 프지탐 사르바데 베스차 파리
파리탐 사르바 부타그라하 니그라하 카림 파
라비댜 체다나 카림 두남타남 사트바남 다마
캄 두스타남 니바라남 아카라므르튜 프라사
마나 카림 사르바 반다 나목 사나 카림 사르
바 두스타 두스바프 나니바라남 차투라 시티
남 그라하사 하스라남 비드밤사나 카림 아스
타빔 사티남 낙사트라남 프라사다나 카림 아

스타남 마하 그라하남 비드밥사나 카림 사르
바 사트루니 바라남 구람 두스바프 나남차
나사님 비사사 스트라 아그니우다 카우 트라
님 아파라 지타구라 마하 찬남 마하 디프탐
마하 테잠 마하 스베탐 즈바라 마하 바라 스
리야 판다라 바시님 아랴타라 브르쿠팀 체바
잠 바즈라 마례티 비스루탐 파드마크맘 바즈
라 지흐바차 마라체바 파라지타 바즈라 단디
비사라차 산타바이데하 푸지타 사이미루파
마하 스베타 아랴타라 마하 바라 아파라 바
즈라 상카라 체바 바즈라 코마리 쿠란다리
바즈라 하스타차 마하 비댜 타타캄차 나마리
카 쿠숨 바라타나 체바 바이로차나 쿠다르
토스니사 비즈름 바마나차 바즈라 카나카 프
라 바로차나 바즈라 툰디차 스베타차 카마락
사 사시프라바 이톄톄 무드라가나 사르베락
삼 쿠르반투 마마사

제2회 석존응화회(釋尊應化會)

옴 리시가나 프라사스타 타타가토 스니사 훔
브룸 잠바나 훔브룸 스탐바나 훔브룸 보하나
훔브룸 마타나 훔브룸 파라비다 삼박사나카
라 훔브룸 사르바 두스타남 스탐바나카라 훔
브룸 사르바 약사 락사사 그라하남 비드밤사
나 카라 훔브룸 차투라시티남 그라하사 하스
라남 비나사나 카라 훔브룸 아스타빔 사티남
낙사 트라남 프라사다나 카라 훔브룸 아스타
남 마하 그라하남 비드밤사나카라 락사락사
맘 바가밤 스타타가토스니사 마하 프라튱기
레 마하 사하스라부제 사하스라 시르사이 코
티사타 사하스라 네트레 아벰다 즈바리 타나
타나카 마하 바즈로다라 트르부바나 만다라
옴 스바스티르 바바투 마마

제3회 관음합동회(觀音合同會)

라자 바야 초라 바야 아그니 바야 우다카 바

야 비사 바야 사스트라 바야 파라차크라 바

야 두르빅사 바야 아사니 바야 아카라므르튜

바야 다라니부미 캄파 바야 우르카파타 바야

라자단다 바야 나가바야 비듀바야 수프라니

바야 약사 그라하 락사사 그라하 프레타 그

라하 피사차 그라하 부타 그라하 쿰반다 그

라하 푸타나 그라하 카타푸타나 그라하 스칸

다 그라하 아파스마라 그라하 운마다 그라하

차야 그라하 레바티 그라하 우자 하리나 가

르바 하리나 자타 하리나 지비타 하리나 루

디라 하리나 바사 하리나 맘사 하리나 메다

하리나 마자 하리나 반타 하리나 아수챠 하

리나 치차 하리나 테삼 사르베삼 사르바 그

라하남 비댬 친다야미 키라야미 파리브리자

카 크르탐 비댬 친다야미 키라야미 다카다키

니 크르탐 비댬 친다야미 키라야미 마하 파

수파티 루드라 크르탐 비댬 친다야미 키라야

미 타트바가루 다사헤야 크르람 비담 친다야
미 키라야미 마하 카라 마트르가나 크르람
비담 친다야미 키라야미 카파리카 크르람
비담 친다야미 키라야미 자야카라 마두카라
사르바르타 사다나 크르람 비담 친다야미 키
라야미 차투르바기니 크르람 비담 친다야미
키라야미 브름기리티카 난디 케스바라 가나
파티 사헤야 크르람 비담 친다야미 키라야미
나그나스 라마나 크르람 비담 친다야미 키라
야미 아르한타 크르람 비담 친다야미 키라야
미 비타라가 크르람 비담 친다야미 키라야미
바즈라파니 크르람 비담 친다야미 키라야미
브라흐마 크르람 루드라 크르람 나라야나 크
르람 비담 친다야미 키라야미 바즈라파니 구
햐카디파티 크르람 비담 친다야미 키라야미
락사 락사 맘

제4회 강장절섭회(剛藏折攝會)

바가밤 시타타파트라 나모 스투테 아시타 나
라르카 프라바스푸타 비카 시타타파트레 즈
바라 즈바라 다카 다카 비다카 비다카 다라
다라 비다라 비다라 친다 친다 빈다 빈다 훔
훔 파트 파트 스바하 헤헤 파트 아모가야 파
트 아프라티 하타야 파트 바라 프라다야 파
트 아수라 비드라 파카야 파트 사르바 데
베뱌 파트 사르바 나게뱌 파트 사르바 약
세뱌 파트 사르바 락사세뱌 파트 사르바 가
루데뱌 파트 사르바 간다르베뱌 파트 사르바
아수레뱌 파트 사르바 킨다레뱌 파트 사르바
마호라 게뱌파트 사르바 부테뱌 파트
사르바 피사 체뱌 파트 사르바 쿰반 데뱌 파
트 사르바 푸타 네뱌 파트 사르바 카타푸타
네뱌 파트 사르바 두르랑기 테뱌 파트 사르
바 두스프렉시 테뱌 파트 사르바 즈바 레뱌

파트 사르바 아파스마 례뱡 파트 사르바 스
라마 녜뱡 파트 사르바 티르티 체뱡 파트 사
르바 운맘 뎨뱡 파트 사르바 비다 차례뱡 파
트 자야카라 마두카라 사르바르타 사다케뵤
비다 차례뱡 파트 차투르 바기니뱡 파트 바
즈라 코마리 쿠란다리 비다라 제뱡 파트 마
하 프라튱기 례뱡 파트 바즈라 상카라야 프
라튱기라 라자야 파트 마하 카라야 마트르가
나 나마 스크르타야 파트 인드라야 파트 브
라흐미니예 파트 루드라야 파트 비스나비예
파트 비스녜비예 파트 브라흐미예 파트 아그
니예 파트 마하 카리예 파트 로드리예 파트
카라 단디예 파트 아인드리예 파트 마트리예
파트 차문디예 파트 카라라 트리예 파트 카
파리예 파트 아디묵토카 스마사나 바시니예
파트 예체 칠타 사트바 마마

제5회 문수홍전회(文殊弘傳會)

두스타 칠타 파파 칠타 로드라 칠타 비드바
이사 칠타 아마이트라 칠타 우트파다 얀티
키라 얀티 만트라 얀티 자판티 조한티 우자
하라 가르바 하라 루디라 하라 맘사 하라 메
다 하라 마자 하라 바사 하라 자타 하라 지
비타 하라 마랴 하라 바랴 하라 간다 하라
푸스파 하라 파라 하라 사샤 하라 파파 칠타
두스타 칠타 데바 그라하 나가 그라하 약사
그라하 락사사 그라하 아수라 그라하 가루나
그라하 킨다라 그라하 마호라가 그라하 프레
타 그라하 피사차 그라하 부타 그라하 푸타
나 그라하 카타푸타나 그라하 쿰반다 그라하
스칸다 그라하 운마다 그라하 차야 그라하
아파스마라 그라하 다카다키니 그라하 레바
티 그라하 자미카 그라하 사쿠니 그라하 난
디카 그라하 람비카 그라하 칸타파니 그라하

즈바라 에카히카 드바이 티야카 트레 티야카
차투르타카 니타 즈바라 비사마 즈바라 바티
카 파이티키 스레스미카 산디 파티카 사르바
즈바라 시로르티 아르다바 베다카 아로차카
악시로감 무카로감 흐르드로감 카르나 수람
단다 수람 흐르다야 수람 마르마 수람 파라
스바 수람 프르스타 수람 우다라 수람 카티
수람 바스티 수람 우루 수람 잠가 수람 하스
타 수람 파다 수람 사르방가 프라튱가 수람
부타 베타다 다카다키니 즈바라 다드루 칸듀
키티 바로타바이 사르파로 하링가 소사트라
사가라 비사요가 아그니 우다카 마라베라 칸
타라 아카라므르튜 트라이 무카 트라이라 타
카 브르스치카 사르파나쿠라 심하 뱌그라 릭
사 타라 릭사 차마라 지비베 테삼 사르베삼
시타타 파트라 마하 바즈로 오스니삼 마하
프라 튱기람 야바드바 다사요자나 반타레나

사마 반담 카로미 디사 반담 카로미 파리비
다 반담 카로미 데조 반담 카로미 하스타 반
담 카로미 파다 반담 카로미 사르방가 프라
튱가 반담 카로미
『타다타 옴 아나레 아나레 비사다 비사다 반
다 반다 반다니 반다니 바이라 바즈라 파니
파트 훔브룸 파트 스바하 나모 스타타 가타
야 수가타 야르하데 사먁삼붇다야 시담투 반
트라 파다 스바하』

법신진언 法身眞言
『옴 아비라 훔 참 스바하』(108독)

불기 25 년 월 일 사경

대불정능엄신주

백산개다라니(白傘蓋陀羅尼)

스타타가토 스니삼 시타타 파트람 아파라지

탐 프라튱기람 다라니

제1회 비로진법회(毘盧眞法會)

나망 사르바 붇다 보디사트 베뱡 나모 삽타

남 사먁 삼붇다 코티남 사스라바카 삼가남

나모 로케아르 한타남 나모 스로타 판나남

나모 스크르타 가미남 나모 아나 가미남 나

모 로케 사먁 가타남 사먁 프라티 판나남 나

모 라트나트 라야야 나모 바가바테 드르다

수리세나 프라하라 나라자야 타타가타 야아

르하테 사먁삼붇다야 나모 바가바테 아미타

바야 타타가타 야아르하테 사먁삼붇다야 나

모 바가바테 앜소바야 타타가타 야아르하테

사먁삼붇다야 나모 바가바테 바이사이 쟈구

루 바이투랴 프라바라자야 타타가타 야아르

하테 사먁삼붇다야 나모 바가바테 삼푸스 피

타사렌 드라라자야 타타가타 야아르하테

사먁삼붇다야 나모 바가바테 사캬무나예 타

타가타 야아르하테 사먁삼붇다야 나모 바가

바테 라트나 쿠수마 케투라자야 타타가타 야

아르하테 사먁삼붇다야 나모 바가바테 타타

가타 쿠라야 나모 바가바테 파드마 쿠라야

나모 바가바테 바즈라 쿠라야 나모 바가바테

마니 쿠라야 나모 바가바테 가르자 쿠라야

나모 데바르시남 나모 싣다 비다 다라남 나

모 싣다 비다 다라르시남 사파누그라하 사마

트리남 나모 브라흐마네 나모 인드라야 나모
바가바테 루드라야 우마파티사 혜야야 나모
나라 야나야 락삼미사 혜야야 팜차 마하 무
드라 나마 스크르타야 나모 마하 카라야 트
리푸라 나가라 비드라파나 카라야 아디묵토
카 스마사나 바시니 마트르가나 나망 스크르
타야 에뵤 나망 스크르트바 이맘 바가바타
스타타가토스니삼 시타타파트람 나마 파라
지타 프라튱기람 사르바데바 나마 스크르탐
사르바데 베뱡 푸지탐 사르바데 베스차 파리
파리탐 사르바 부타그라하 니그라하 카림 파
라비다 체다나 카림 두남타남 사트바남 다마
캄 두스타남 니바라남 아카라므르튜 프라사
마나 카림 사르바 반다 나목 사나 카림 사르
바 두스타 두스바프 나니바라남 차투라 시티
남 그라하사 하스라남 비드밤사나 카림 아스
타빔 사티남 낙사트라남 프라사다나 카림 아

스타남 마하 그라하남 비드밤사나 카림 사르
바 사트루니 바라님 구람 두스바프 나남차
나사님 비사사 스트라 아그니우다 카우 트라
님 아파라 지타구라 마하 찬남 마하 디프탐
마하 테잠 마하 스베탐 즈바라 마하 바라 스
리야 판다라 바시님 아랴타라 브르구팀 체바
잠 바즈라 마레티 비스루탐 파드마크맘 바즈
라 지흐바차 마라체바 파라지타 바즈라 단디
비사라차 산타바이데하 푸지타 사이미루파
마하 스베타 아랴타라 마하 바라 아파라 바
즈라 상카라 체바 바즈라 코마리 구란다리
바즈라 하스타차 마하 비댜 타타캄차 나마리
카 구숨 바라타나 체바 바이로차나 구다르
토스니사 비즈름 바마나차 바즈라 카나카 프
라 바로차나 바즈라 툰디차 스베타차 카마락
사 사시프라바 이톄테 무드라가나 사르베락
삼 구르반투 마마샤

제2회 석존응화회(釋尊應化會)

옴 리시가나 프라사스타 타타가토 스니사 훔

브룸 잠바나 훔브룸 스탐바나 훔브룸 보하나

훔브룸 마타나 훔브룸 파라비다 삼박사나카

라 훔브룸 사르바 두스타남 스탐바나카라 훔

브룸 사르바 약사 락사사 그라하남 비드밤사

나 카라 훔브룸 차투라시티남 그라하사 하스

라남 비나사나 카라 훔브룸 아스타빔 사티남

낙사 트라남 프라사다나 카라 훔브룸 아스타

남 마하 그라하남 비드밤사나카라 락사락사

맘 바가밤 스타타가토스니사 마하 프라튱기

레 마하 사하스라부제 사하스라 시르사이 코

티사타 사하스라 네트레 아벰다 즈바리 타나

타나카 마하 바즈로다라 트르부바나 만다라

옴 스바스티르 바바투 마마

제3회 관음합동회(觀音合同會)

리자 바야 초라 바야 아그니 바야 우다카 바

야 비사 바야 사스트라 바야 파라차크라 바
야 두르빅사 바야 아사니 바야 아카라므르튜
바야 다라니부미 캄파 바야 우르카파타 바야
라자단다 바야 나가바야 비듀바야 수프라니
바야 약사 그라하 락사사 그라하 프레타 그
라하 피사차 그라하 부타 그라하 쿰반다 그
라하 푸타나 그라하 카타푸타나 그라하 스칸
다 그라하 아파스마라 그라하 운마다 그라하
차야 그라하 레바티 그라하 우자 하리나 가
르바 하리나 자타 하리나 지비타 하리나 루
디라 하리나 바사 하리나 맘사 하리나 메다
하리나 마자 하리나 반타 하리나 아수차 하
리나 치차 하리나 테삼 사르베삼 사르바 그
라하남 비댬 친다야미 키라야미 파리브라자
카 크르탐 비댬 친다야미 키라야미 다카다키
니 크르탐 비댬 친다야미 키라야미 마하 파
수파티 루드라 크르탐 비댬 친다야미 키라야

미 타트바가루 다사헤야 크르탐 비담 친다야
미 키라야미 마하 카라 마트르가나 크르탐
비담 친다야미 키라야미 카파리카 크르탐
비담 친다야미 키라야미 자야카라 마두카라
사르바르타 사다나 크르탐 비담 친다야미 키
라야미 차투르바기니 크르탐 비담 친다야미
키라야미 브룽기리티카 난디 케스바라 가나
파티 사헤야 크르탐 비담 친다야미 키라야미
나그나스 라마나 크르탐 비담 친다야미 키라
야미 아르한타 크르탐 비담 친다야미 키라야
미 비타라가 크르탐 비담 친다야미 키라야미
바즈라파니 크르탐 비담 친다야미 키라야미
브라흐마 크르탐 루드라 크르탐 나라야나 크
르탐 비담 친다야미 키라야미 바즈라파니 구
햐카디파티 크르탐 비담 친다야미 키라야미
락사 락사 맘

제4회 강장절섭회(剛藏折攝會)

바가밤 시타타파트라 나모 스투테 아시타 나

라르카 프라바스푸타 비카 시타타파트레 즈

바라 즈바라 다카 다카 비다카 비다카 다라

다라 비다라 비다라 친다 친다 빈다 빈다 훔

훔 파트 파트 스바하 헤헤 파트 아모가야 파

트 아프라티 하타야 파트 바라 프라다야 파

트 아수라 비드라 파카야 파트 사르바 데

베뱌 파트 사르바 나게뱌 파트 사르바 약

세뱌 파트 사르바 락사세뱌 파트 사르바 가

루데뱌 파트 사르바 간다르베뱌 파트 사르바

아수레뱌 파트 사르바 킨다레뱌 파트 사르바

마호라 게뱌파트 사르바 부테뱌 파트

사르바 피사 체뱌 파트 사르바 쿰반 데뱌 파

트 사르바 푸타 네뱌 파트 사르바 카타푸타

네뱌 파트 사르바 두르랑기 테뱌 파트 사르

바 두스프렉시 테뱌 파트 사르바 즈바 레뱌

파트 사르바 아파스마 레방 파트 사르바 스
리마 네방 파트 사르바 티르티 체방 파트 사
르바 운맘 데방 파트 사르바 비다 차례방 파
트 자야카라 마두카라 사르바르타 사다케뵤
비다 차례방 파트 차투르 바기니방 파트 바
즈라 코마리 쿠란다리 비다라 제방 파트 마
하 프라튱기 레방 파트 바즈라 상카라야 프
라튱기라 라자야 파트 마하 카라야 마트르가
나 나마 스크르타야 파트 인드라야 파트 브
라흐미니예 파트 루드라야 파트 비스나비예
파트 비스네비예 파트 브라흐미예 파트 아그
니예 파트 마하 카리예 파트 로드리예 파트
카라 단디예 파트 아인드리예 파트 마트리예
파트 차문디예 파트 카라리 트리예 파트 카
파리예 파트 아디묵토카 스마사나 바시니예
파트 예케 칠타 사르바 마마

제5회 문수홍전회(文殊弘傳會)

두스타 칠타 파파 칠타 로드라 칠타 비드바
이사 칠타 아마이트라 칠타 우트파다 얀티
키라 얀티 만트라 얀티 지판티 조한티 우자
하라 가르바 하라 루디라 하라 맘사 하라 메
다 하라 마자 하라 바사 하라 지타 하라 지
비타 하라 마랴 하라 바랴 하라 간다 하라
푸스파 하라 파라 하라 사샤 하라 파파 칠타
두스타 칠타 데바 그라하 나가 그라하 약사
그라하 랍사사 그라하 아수라 그라하 가루나
그라하 킨다라 그라하 마호라가 그라하 프레
타 그라하 피사차 그라하 부타 그라하 푸타
나 그라하 카타푸타나 그라하 쿰반다 그라하
스칸다 그라하 운마다 그라하 차야 그라하
아파스마라 그라하 다카다키니 그라하 레바
티 그라하 자미카 그라하 사쿠니 그라하 난
디카 그라하 람비카 그라하 칸타파니 그라하

즈바라 에카히카 드바이 티야카 트레 티야카

차투르타카 니타 즈바라 비사마 즈바라 바티

카 파이티키 스레스미카 산디 파티카 사르바

즈바라 시로르티 아르다바 베다카 아로차카

악시로감 무카로감 흐르드로감 카르나 수람

단다 수람 흐르다야 수람 마르마 수람 파라

스바 수람 프르스타 수람 우다라 수람 카티

수람 바스티 수람 우루 수람 잠가 수람 하스

타 수람 파다 수람 사르방가 프라튱가 수람

부타 베타다 다카다키니 즈바라 다드루 칸듀

키티 바로타바이 사르파로 하링가 소사트라

사가라 비사요가 아그니 우다카 마라베라 칸

타라 아카라므르튜 트라이 무카 트라이라 타

카 브르스치카 사르파나쿠라 심하 뱌그라 릭

사 타라 릭사 차마라 지비베 테삼 사르베삼

시타타 파트라 마하 바즈로 오스니삼 마하

프라 튱기람 야바드바 다사요자나 반타레나

사가 반담 카로미 디사 반담 카로미 파라비
다 반담 카로미 테조 반담 카로미 하스타 반
담 카로미 파다 반담 카로미 사르방가 프라
튱가 반담 카로미
『티댜타 옴 아나레 아나레 비사다 비사다 반
다 반다 반다니 반다니 바이라 바즈라 파니
파트 훔브룸 파트 스바하 나모 스타타 가타
야 수가타 야르하테 사먁삼붇다야 시댬투 반
트라 파다 스바하』

법신진언 法身眞言
『옴 아비라 훔 캄 스바하』(108독)

불기 25 년 월 일 사경

대불정능엄신주

백산개다라니(白傘蓋陀羅尼)

스타타가토 스니삼 시타타 파트람 아파라지

탐 프라튱기람 다라니

제1회 비로진법회(毘盧眞法會)

나망 사르바 붇다 보디사트 베뱌 나모 삽타

남 사먁 삼붇다 코티남 사스라바카 삼가남

나모 로케아르 한타남 나모 스로타 판나남

나모 스크르타 가미남 나모 아나 가미남 나

모 로케 사먁 가타남 사먁 프라티 판나남 나

모 라트나트 라야야 나모 바가바테 드르다

수리세나 프리하리 나리자야 타타가타 야아
르하테 사먁삼붇다야 나모 바가바테 아미타
바야 타타가타 야아르하테 사먁삼붇다야 나
모 바가바테 악소바야 타타가타 야아르하테
사먁삼붇다야 나모 바가바테 바이사이 자구
루 바이투라 프리바리자야 타타가타 야아르
하테 사먁삼붇다야 나모 바가바테 삼푸스 피
타사렌 드리리자야 타타가타 야아르하테
사먁삼붇다야 나모 바가바테 사카무나예 타
타가타 야아르하테 사먁삼붇다야 나모 바가
바테 라트나 쿠수마 케투리자야 타타가타 야
아르하테 사먁삼붇다야 나모 바가바테 타타
가타 쿠리야 나모 바가바테 파드마 쿠리야
나모 바가바테 바즈리 쿠리야 나모 바가바테
마니 쿠리야 나모 바가바테 가르자 쿠리야
나모 데바르시남 나모 싣다 비다 다리남 나
모 싣다 비다 다리르시남 사파누그리하 사마

르타남 나모 브라흐마네 나모 인드라야 나모
바가바테 루드라야 우마파티사 헤야야 나모
나라 야나야 락삼미사 헤야야 팜차 마하 무
드라 나마 스크르타야 나모 마하 카라야 트
리푸라 나가라 비드라파나 카라야 아디묵토
카 스마사나 바시니 마트르가나 나망 스크르
타야 에뵤 나망 스크르트바 이맘 바가바타
스타타가토스니삼 시타타파트람 나마 파라
지타 프라튱기람 사르바데바 나마 스크르탐
사르바데 베뱡 푸지탐 사르바데 베스차 파리
파리탐 사르바 부타그라하 니그라하 카림 파
라비다 체다나 카림 두남타남 사트바남 다마
캄 두스타남 니바라남 아카라므르튜 프라사
마나 카림 사르바 반다 나목 사나 카림 사르
바 두스타 두스바프 나니바라남 차투라 시티
남 그라하사 하스라남 비드밤사나 카림 아스
타빔 사티남 낙사트라남 프라사다나 카림 아

스타남 마하 그라하남 비드밤사나 카림 사르
바 사트루니 바라님 구람 두스바프 나남차
나사님 비사사 스트라 아그니우다 카우 트라
님 아파라 지타구라 마하 찬남 마하 디프탐
마하 테잠 마하 스베탐 즈바라 마하 바라 스
리야 판다라 바시님 아랴타라 브르쿠팀 체바
잠 바즈라 마레티 비스루탐 파드마크맘 바즈
라 지흐바차 마라체바 파라지타 바즈라 단디
비사라차 산타바이데하 푸지타 사이미루파
마하 스베타 아랴타라 마하 바라 아파라 바
즈라 상카라 체바 바즈라 코마리 쿠란다리
바즈라 하스타차 마하 비댜 타타캄차 나마리
카 쿠숨 바라타나 체바 바이로차나 쿠다르
토스니사 비즈름 바마나차 바즈라 카나카 프
라 바로차나 바즈라 툰디차 스베타차 카마랔
사 사시프라바 이테테 무드라가나 사르베랔
삼 쿠르반투 마마샤

제2회 석존응화회(釋尊應化會)

옴 리시가나 프라사스타 타타가토 스니사 훔
브룸 잠바나 훔브룸 스탐바나 훔브룸 보하나
훔브룸 마타나 훔브룸 파라비다 삼박사나카
라 훔브룸 사르바 두스타남 스탐바나카라 훔
브룸 사르바 약사 락사사 그라하남 비드밤사
나 카라 훔브룸 차투라시티남 그라하사 하스
라남 비나사나 카라 훔브룸 아스타빔 사티남
낙사 트라남 프라사다나 카라 훔브룸 아스타
남 마하 그라하남 비드밤사나카라 락사락사
맘 바가밤 스타타가토스니사 마하 프라튱기
레 마하 사하스라부제 사하스라 시르사이 코
티사타 사하스라 네트레 아벰다 즈바리 타나
타나카 마하 바즈로다라 트르부바나 만다라
옴 스바스티르 바바투 마마

제3회 관음합동회(觀音合同會)

라자 바야 초라 바야 아그니 바야 우다카 바

야 비사 바야 사스트라 바야 파라차크라 바
야 두르빅사 바야 아사니 바야 아카라므르튜
바야 다라니부미 참파 바야 우르카파타 바야
라자단다 바야 나가바야 비듀바야 수프라니
바야 약사 그라하 락사사 그라하 프레타 그
라하 피사차 그라하 부타 그라하 쿰반다 그
라하 푸타나 그라하 카타푸타나 그라하 스칸
다 그라하 아파스마라 그라하 운마다 그라하
차야 그라하 레바티 그라하 우자 하리나 가
르바 하리나 자타 하리나 지비타 하리나 루
디타 하리나 바사 하리나 맘사 하리나 메다
하리나 마자 하리나 반타 하리나 아수챠 하
리나 치차 하리나 테삼 사르베삼 사르바 그
라하남 비댬 친다야미 키라야미 파리브라자
카 크르탐 비댬 친다야미 키라야미 다카다키
니 크르탐 비댬 친다야미 키라야미 마하 파
수파티 루드라 크르탐 비댬 친다야미 키라야

미 라트바가루 다사헤야 크르탐 비담 친다야
미 키라야미 마하 카라 마트르가나 크르탐
비담 친다야미 키라야미 카파리카 크르탐
비담 친다야미 키라야미 자야카라 마두카라
사르바르타 사다나 크르탐 비담 친다야미 키
라야미 차투르바기니 크르탐 비담 친다야미
키라야미 브릉기리티카 난디 케스바라 가나
파티 사헤야 크르탐 비담 친다야미 키라야미
나그나스 라마나 크르탐 비담 친다야미 키라
야미 아르한타 크르탐 비담 친다야미 키라야
미 비타라가 크르탐 비담 친다야미 키라야미
바즈라파니 크르탐 비담 친다야미 키라야미
브라흐마 크르탐 루드라 크르탐 나라야나 크
르탐 비담 친다야미 키라야미 바즈라파니 구
햐카디파티 크르탐 비담 친다야미 키라야미
락사 락사 맘

제4회 강장절섭회(剛藏折攝會)

바가밤 시타타파트라 나모 스투테 아시타 나
라르카 프라바스푸타 비카 시타타파트레 즈
바라 즈바라 다카 다카 비다카 비다카 다라
다라 비다라 비다라 친다 친다 빈다 빈다 훔
훔 파트 파트 스바하 헤헤 파트 아모가야 파
트 아프라티 하타야 파트 바라 프라다야 파
트 아수라 비드라 파카야 파트 사르바 데
베뱌 파트 사르바 나게뱌 파트 사르바 야
세뱌 파트 사르바 락사세뱌 파트 사르바 가
루데뱌 파트 사르바 간다르베뱌 파트 사르바
아수레뱌 파트 사르바 킨다레뱌 파트 사르바
마호라 게뱌파트 사르바 부레뱌 파트
사르바 피사 체뱌 파트 사르바 쿰반 데뱌 파
트 사르바 푸타 네뱌 파트 사르바 카타푸타
네뱌 파트 사르바 두르람기 테뱌 파트 사르
바 두스프렉시 테뱌 파트 사르바 즈바 레뱌

파트 사르바 아파스마 레방 파트 사르바 스
라마 네방 파트 사르바 티르티 케방 파트 사
르바 운맘 데방 파트 사르바 비다 차례방 파
트 자야카라 마두카라 사르바르타 사다케뵤
비다 차례방 파트 차투르 바기니방 파트 바
즈라 코마리 쿠란다리 비다라 제방 파트 마
하 프라튱기 레방 파트 바즈라 상카라야 프
라튱기라 라자야 파트 마하 카라야 마트르가
나 나마 스크르타야 파트 인드라야 파트 브
라흐미니예 파트 루드라야 파트 비스나비예
파트 비스네비예 파트 브라흐미예 파트 아그
니예 파트 마하 카리예 파트 로드리예 파트
카라 단디예 파트 아인드리예 파트 마트리예
파트 차문디예 파트 카라라 트리예 파트 카
파리예 파트 아디묵토카 스마사나 바시니예
파트 예케 칠타 사트바 마마

제5회 문수홍전회(文殊弘傳會)

두스타 칠타 파파 칠타 로드라 칠타 비드바
이사 칠타 아마이트라 칠타 우트파다 얀티
키라 얀티 만트라 얀티 자판티 조한티 우자
하라 가르바 하라 루디라 하라 맘사 하라 메
다 하라 마자 하라 바사 하라 자타 하라 지
비타 하라 마라 하라 바라 하라 간다 하라
푸스파 하라 파라 하라 사샤 하라 파파 칠타
두스타 칠타 데바 그라하 나가 그라하 약사
그라하 락사사 그라하 아수라 그라하 가루나
그라하 킨다라 그라하 마호라가 그라하 프레
타 그라하 피사차 그라하 부타 그라하 푸타
나 그라하 카타푸타나 그라하 쿰반다 그라하
스칸다 그라하 운마다 그라하 차야 그라하
아파스마라 그라하 다카다키니 그라하 레바
티 그라하 자미카 그라하 사쿠니 그라하 난
디카 그라하 람비카 그라하 칸티파니 그라하

즈바라 에카히카 드바이 티야카 트레 티야카

차투르타카 니타 즈바라 비사마 즈바라 바티

카 파이티키 스레스미카 산디 파티카 사르바

즈바라 시로르티 아르다바 베다카 아로차카

악시로감 무카로감 흐르드로감 카르나 수람

단다 수람 흐르다야 수람 마르마 수람 파라

스바 수람 프르스타 수람 우다라 수람 카티

수람 바스티 수람 우루 수람 잠가 수람 하스

타 수람 파다 수람 사르방가 프라퉁가 수람

부타 베타다 다카다키니 즈바라 다드루 칸듀

키티 바로타바이 사르파로 하링가 소사트라

사가라 비사요가 아그니 우다카 마라베라 칸

타라 아카라므르튜 트라이 무카 트라이라 타

카 브르스치카 사르파나쿠라 심하 뱌그라 릭

사 타라 릭사 차마라 지비베 테삼 사르베삼

시타타 파트라 마하 바즈로 오스니삼 마하

프라 퉁기람 야바드바 다사요자나 반타레나

사마 반담 카로미 디사 반담 카로미 파리비다 반담 카로미 테조 반담 카로미 하스타 반담 카로미 파다 반담 카로미 사르방가 프라튱가 반담 카로미

『타다타 옴 아나레 아나레 비사다 비사다 반다 반다 반다니 반다니 바이라 바즈라 파니파트 훔브룸 파트 스바하 나모 스타타 가타야 수가타 야르하테 사먁삼붇다야 시댬투 반트라 파다 스바하』

법신진언 法身眞言

『옴 아비라 훔 캄 스바하』(108독)

불기 25　년　월　일　사경

대불정능엄신주

백산개다라니(白傘蓋陀羅尼)

스타타가토 스니삼 시타타 파트람 아파라지

탐 프라튱기람 다라니

제1회 비로진법회(毘盧眞法會)

나망 사르바 붇다 보디사트 베뱧 나모 삽타

남 사먁 삼붇다 코티남 사스라바카 삼가남

나모 로케아르 한타남 나모 스로타 판나남

나모 스크르타 가미남 나모 아나 가미남 나

모 로케 사먁 가타남 사먁 프리티 판나남 나

모 라트나트 라야야 나모 바가바테 드르다

수리세나 프리하리 나리자야 타타가타 야아
르하테 사먁삼붇다야 나모 바가바테 아미타
바야 타타가타 야아르하테 사먁삼붇다야 나
모 바가바테 악소바야 타타가타 야아르하테
사먁삼붇다야 나모 바가바테 바이사이 자구
루 바이두리야 프리바리자야 타타가타 야아르
하테 사먁삼붇다야 나모 바가바테 삼푸스 피
타사렌 드라리자야 타타가타 야아르하테
사먁삼붇다야 나모 바가바테 사캬무니예 타
타가타 야아르하테 사먁삼붇다야 나모 바가
바테 라트나 쿠수마 케투라자야 타타가타 야
아르하테 사먁삼붇다야 나모 바가바테 타타
가타 쿠리야 나모 바가바테 파드마 쿠리야
나모 바가바테 바즈라 쿠리야 나모 바가바테
마니 쿠리야 나모 바가바테 가르자 쿠리야
나모 데바르시남 나모 싣다 비다 다라남 나
모 싣다 비다 다라르시남 사파누그라하 사마

르타남 나모 브라흐마네 나모 인드라야 나모
바가바테 루드라야 우마파티사 헤야야 나모
나라 야나야 락삼미사 헤야야 팜차 마하 무
드라 나마 스크르타야 나모 마하 카라야 트
리푸라 나가라 비드라파나 카라야 아디묵토
카 스마사나 바시니 마트르가나 나망 스크르
타야 에뵤 나망 스크르트바 이맘 바가바타
스타타가토스니삼 시타타파트람 나마 파라
지타 프라튱기람 사르바데바 나마 스크르탐
사르바데 베뱡 푸지탐 사르바데 베스차 파리
파리탐 사르바 부타그라하 니그라하 카림 파
라비다 체다나 카림 두남타남 사트바남 다마
캄 두스타남 니바라남 아카라므르튜 프라사
마나 카림 사르바 반다 나목 사나 카림 사르
바 두스타 두스바프 나니바라남 차투라 시티
남 그라하사 하스라남 비드밤사나 카림 아스
타빔 사티남 낙사트라남 프라사다나 카림 아

스타남 마하 그라하남 비드밤사나 카림 사르
바 사트루니 바라님 구람 두스바프 나남차
나사님 비사사 스트라 아그니우다 카우 트라
님 아파라 지타구라 마하 찬남 마하 디프탐
마하 테잠 마하 스베탐 즈바라 마하 바라 스
리야 판다라 바시님 아랴타라 브르쿠팀 체바
잠 바즈라 마레티 비스루탐 파드마크맘 바즈
라 지흐바차 마라체바 파라지타 바즈라 단디
비사라차 산타바이데하 푸지타 사이미루파
마하 스베타 아랴타라 마하 바라 아파라 바
즈라 상카라 체바 바즈라 코마리 쿠란다리
바즈라 하스타차 마하 비다 타타캄차 나마리
카 쿠숨 바라타나 체바 바이로차나 쿠다르
토스니사 비즈름 바마나차 바즈라 카나카 프
라 바로차나 바즈라 툰디차 스베타차 카마락
사 사시프라바 이테테 무드라가나 사르베락
삼 쿠르반투 마마샤

제2회 석존응화회(釋尊應化會)

옴 리시가나 프라사스타 타타가토 스니사 훔
브룸 잠바나 훔브룸 스탐바나 훔브룸 보하나
훔브룸 마타나 훔브룸 파라비다 삼박사나카
라 훔브룸 사르바 두스타남 스탐바나카라 훔
브룸 사르바 약사 락사사 그라하남 비드밤사
나 카라 훔브룸 차투라시티남 그라하사 하스
라남 비나사나 카라 훔브룸 아스타빔 사티남
낙사 트라남 프라사다나 카라 훔브룸 아스타
남 마하 그라하남 비드밤사나카라 락사락사
맘 바가밤 스타타가토스니사 마하 프라튱기
레 마하 사하스라부제 사하스라 시르사이 코
티사타 사하스라 네트레 아벰다 즈바리 타나
타나카 마하 바즈로다라 트르부바나 만다라
옴 스바스티르 바바투 마마

제3회 관음합동회(觀音合同會)

라자 바야 초라 바야 아그니 바야 우다카 바

야 비사 바야 사스트라 바야 파라차크라 바
야 두르빅사 바야 아사니 바야 아카라므르튜
바야 다라니부미 캄파 바야 우르카파타 바야
라자단다 바야 나가바야 비듀바야 수프라니
바야 약사 그라하 락사사 그라하 프레타 그
라하 피사차 그라하 부타 그라하 쿰반다 그
라하 푸타나 그라하 카타푸타나 그라하 스칸
다 그라하 아파스마라 그라하 운마다 그라하
차야 그라하 레바티 그라하 우자 하리냐 가
르바 하리냐 자타 하리냐 지비타 하리냐 루
디라 하리냐 바사 하리냐 맘사 하리냐 메다
하리냐 마자 하리냐 반타 하리냐 아수차 하
리냐 치차 하리냐 테삼 사르베삼 사르바 그
라하남 비댬 친다야미 키라야미 파리브라자
카 크르탐 비댬 친다야미 키라야미 다카다키
니 크르탐 비댬 친다야미 키라야미 마하 파
수파티 루드라 크르탐 비댬 친다야미 키라야

미 타트바가루 다사헤야 크르탐 비담 친다야

미 키라야미 마하 카라 마트르가나 크르탐

비담 친다야미 키라야미 카파리카 크르탐

비담 친다야미 키라야미 자야카라 마두카라

사르바르타 사다나 크르탐 비담 친다야미 키

라야미 차투르바기니 크르탐 비담 친다야미

키라야미 브름기리티카 난디 케스바라 가나

파티 사헤야 크르탐 비담 친다야미 키라야미

나그나스 라마나 크르탐 비담 친다야미 키라

야미 아르한타 크르탐 비담 친다야미 키라야

미 비타라가 크르탐 비담 친다야미 키라야미

바즈라파니 크르탐 비담 친다야미 키라야미

브라흐마 크르탐 루드라 크르탐 나라야나 크

르탐 비담 친다야미 키라야미 바즈라파니 구

햐카디파티 크르탐 비담 친다야미 키라야미

락사 락사 맘

제4회 강장절섭회(剛藏折攝會)

바가밤 시타타파트라 나모 스투테 아시타 나라르카 프라바스푸타 비카 시타타파트레 즈바라 즈바라 다카 다카 비다카 비다카 다라 다라 비다라 비다라 친다 친다 빈다 빈다 훔 훔 파트 파트 스바하 헤헤 파트 아모가야 파트 아프라티 하타야 파트 바라 프라다야 파트 아수라 비드라 파카야 파트 사르바 데베뱌 파트 사르바 나게뱌 파트 사르바 약세뱌 파트 사르바 락사세뱌 파트 사르바 가루데뱌 파트 사르바 간다르베뱌 파트 사르바 아수레뱌 파트 사르바 킨다레뱌 파트 사르바 마호라 게뱌파트 사르바 부테뱌 파트

사르바 피사 체뱌 파트 사르바 쿰반 데뱌 파트 사르바 푸타 네뱌 파트 사르바 카타푸타 네뱌 파트 사르바 두르람기 테뱌 파트 사르바 두스프렉시 테뱌 파트 사르바 즈바 레뱌

파트 사르바 아파스마 레방 파트 사르바 스
리마 네방 파트 사르바 티르티 체방 파트 사
르바 운맘 데방 파트 사르바 비다 차례방 파
트 자야카라 마두카라 사르바르타 사다케뵤
비다 차례방 파트 차투르 바기니방 파트 바
즈라 코마리 쿠란다리 비다라 체방 파트 마
하 프라튱기 레방 파트 바즈라 상카라야 프
라튱기라 라자야 파트 마하 카라야 마트르가
나 나마 스크르타야 파트 인드라야 파트 브
라흐미니예 파트 루드라야 파트 비스나비예
파트 비스네비예 파트 브라흐미예 파트 아그
니예 파트 마하 카리예 파트 로드리예 파트
카라 단디예 파트 아인드리예 파트 마트리예
파트 차문디예 파트 카라리 트리예 파트 카
파리예 파트 아디묵토카 스마사나 바시니예
파트 예케 칠타 사트바 마마

제5회 문수홍전회(文殊弘傳會)

두스타 칠타 파파 칠타 로드라 칠타 비드바
이사 칠타 아마이트라 칠타 우트파다 얀티
키라 얀티 만트라 얀티 자판티 조한티 우자
하라 가르바 하라 루디라 하라 맘사 하라 메
다 하라 마자 하라 바사 하라 자타 하라 지
비타 하라 마라 하라 바라 하라 간다 하라
푸스파 하라 파라 하라 사샤 하라 파파 칠타
두스타 칠타 데바 그라하 나가 그라하 약사
그라하 락사사 그라하 아수라 그라하 가루나
그라하 킨다라 그라하 마호라가 그라하 프레
타 그라하 피사차 그라하 부타 그라하 푸타
나 그라하 카타푸타나 그라하 쿰반다 그라하
스칸다 그라하 운마다 그라하 차야 그라하
아파스마라 그라하 다카다키니 그라하 레바
티 그라하 자미카 그라하 사쿠니 그라하 난
디카 그라하 람비카 그라하 칸타파니 그라하

즈바라 에카히카 드바이 티야카 트레 티야카

차투르타카 니타 즈바라 비사마 즈바라 바티

카 파이티키 스레스미카 산디 파티카 사르바

즈바라 시로르티 아르다바 베다카 아로차카

악시로감 무카로감 흐르드로감 카르나 수람

단다 수람 흐르다야 수람 마르마 수람 파라

스바 수람 프르스타 수람 우다라 수람 카티

수람 바스티 수람 우루 수람 잠가 수람 하스

타 수람 파다 수람 사르방가 프라튱가 수람

부타 베타다 다카다키니 즈바라 다드루 칸듀

키티 바로타바이 사르파로 하링가 소사트라

사가라 비사요가 아그니 우다카 마라베라 칸

타라 아카라므르튜 트라이 무카 트라이라 타

카 브르스치카 사르파나구라 심하 뱌그라 릭

사 타라 릭사 차마라 지비베 테삼 사르베삼

시타타 파트라 마하 바즈로 오스니삼 마하

프라 튱기람 야바드바 다사요자나 반타레나

사마 반담 카로미 디사 반담 카로미 파라비
다 반담 카로미 테조 반담 카로미 하스타 반
담 카로미 파다 반담 카로미 사르방가 프라
튱가 반담 카로미
『타댜타 옴 아나레 아나레 비사다 비사다 반
다 반다 반다니 반다니 바이라 바즈라 파니
파트 훔브룸 파트 스바하 나모 스타라 가타
야 수가타 야르하테 사먁삼붇다야 시댬투 반
트라 파다 스바하』

법신진언 法身眞言
『옴 아비라 훔 캄 스바하』(108독)

불기 25 년 월 일 사경

대불정능엄신주

백산개다라니(白傘蓋陀羅尼)

스타타가토 스니삼 시타타 파트람 아파라지
탐 프라튱기람 다라니

제1회 비로진법회(毘盧眞法會)

나맣 사르바 붇다 보디사트 베뱧 나모 삽타
남 사먁 삼붇다 코티남 사스라바카 삼가남
나모 로케아르 한타남 나모 스로타 판나남
나모 스크르타 가미남 나모 아나 가미남 나
모 로케 사먁 가타남 사먁 프라티 판나남 나
모 라트나트 라야야 나모 바가바테 드르다

수리세나 프리하라 나라자야 타타가타 야아
르하테 사먁삼붇다야 나모 바가바테 아미타
바야 타타가타 야아르하테 사먁삼붇다야 나
모 바가바테 앜소바야 타타가타 야아르하테
사먁삼붇다야 나모 바가바테 바이사이 쟈구
루 바이투랴 프리바라자야 타타가타 야아르
하테 사먁삼붇다야 나모 바가바테 삼푸스 피
타사렌 드라라자야 타타가타 야아르하테
사먁삼붇다야 나모 바가바테 사캬무나예 타
타가타 야아르하테 사먁삼붇다야 나모 바가
바테 라트나 쿠수마 케투라자야 타타가타 야
아르하테 사먁삼붇다야 나모 바가바테 타타
가타 쿠라야 나모 바가바테 파드마 쿠라야
나모 바가바테 바즈라 쿠라야 나모 바가바테
마니 쿠라야 나모 바가바테 가르자 쿠라야
나모 데바르시남 나모 싣다 비다 다라남 나
모 싣다 비다 다라르시남 사파누그라하 사마

트타남 나모 브라흐마네 나모 인드라야 나모

바가바테 루드라야 우마파티사 헤야야 나모

나라 야나야 락삼미사 헤야야 팜차 마하 무

드라 나마 스크르타야 나모 마하 카라야 트

리푸라 나가라 비드라파나 카라야 아디묵토

카 스마사나 바시니 마트르가나 나망 스크르

타야 에뵤 나망 스크르트바 이맘 바가바타

스타타가토스니삼 시타타파트람 나마 파라

지타 프라튱기람 사르바데바 나마 스크르탐

사르바데 베뱡 푸지탐 사르바데 베스차 파리

파리탐 사르바 부타그라하 니그라하 카림 파

라비다 체다나 카림 두남타남 사트바남 다마

캄 두스타남 니바라남 아카라므르튜 프라사

마나 카림 사르바 반다 나목 사나 카림 사르

바 두스타 두스바프 나니바라남 차투라 시티

남 그라하사 하스라남 비드밤사나 카림 아스

타빔 사티남 낙사트라남 프라사다나 카림 아

스타남 마하 그라하남 비드밤사나 카림 사르
바 사트루니 바라님 구람 두스바프 나남차
나사님 비사사 스트라 아그니우다 카우 트라
님 아파라 지타구라 마하 찬남 마하 디프탐
마하 테잠 마하 스베탐 즈바라 마하 바라 스
리야 판다라 바시님 아랴타라 브르쿠팀 체바
잠 바즈라 마레티 비스루탐 파드마크맘 바즈
라 지흐바차 마라체바 파라지타 바즈라 단디
비사라차 산타바이데하 푸지타 사이미루파
마하 스베타 아랴타라 마하 바라 아파라 바
즈라 상카라 체바 바즈라 코마리 쿠란다리
바즈라 하스타차 마하 비댜 타타캄차 나마리
카 쿠숨 바라타나 체바 바이로차나 쿠다르
토스니사 비즈름 바마나차 바즈라 카나카 프
라 바로차나 바즈라 툰디차 스베타차 카마락
사 사시프라바 이테테 무드라가나 사르베랔
삼 쿠르반투 마마샤

제2회 석존응화회(釋尊應化會)

옴 리시가나 프라사스타 타타가토 스니사 훔
브룸 잠바나 훔브룸 스탐바나 훔브룸 보하나
훔브룸 마타나 훔브룸 파라비다 삼박사나카
라 훔브룸 사르바 두스타남 스탐바나카라 훔
브룸 사르바 약사 락사사 그라하남 비드밤사
나 카라 훔브룸 차투라시티남 그라하사 하스
라남 비나사나 카라 훔브룸 아스타빔 사티남
낙사 트라남 프라사다나 카라 훔브룸 아스타
남 마하 그라하남 비드밤사나카라 락사락사
맘 바가밤 스타타가토스니사 마하 프라튱기
레 마하 사하스라부제 사하스라 시르사이 코
티사타 사하스라 네트레 아벰다 즈바리 타나
타나카 마하 바즈로다라 트르부바나 만다라
옴 스바스티르 바바투 마마

제3회 관음합동회(觀音合同會)

라자 바야 초라 바야 아그니 바야 우다카 바

야 비사 바야 사스트라 바야 파라차크라 바

야 두르빅사 바야 아사니 바야 아카라므르튜

바야 다라니부미 캄파 바야 우르카파타 바야

라자단다 바야 나가바야 비듀바야 수프라니

바야 약사 그라하 락사사 그라하 프레타 그

라하 피사차 그라하 부타 그라하 쿰반다 그

라하 푸타나 그라하 카타푸타나 그라하 스칸

다 그라하 아파스마라 그라하 운마다 그라하

차야 그라하 레바티 그라하 우자 하리나 가

르바 하리나 자타 하리나 지비타 하리나 루

디라 하리나 바사 하리나 맘사 하리나 메다

하리나 마자 하리나 반타 하리나 아수차 하

리나 치차 하리나 테삼 사르베삼 사르바 그

라하남 비담 친다야미 키라야미 파리브라자

카 크르탐 비담 친다야미 키라야미 다카다키

니 크르탐 비담 친다야미 키라야미 마하 파

수파티 루드라 크르탐 비담 친다야미 키라야

미 타트바가루 다사헤야 크르탐 비담 친다야
미 키라야미 마하 카라 마트르가나 크르탐
비담 친다야미 키라야미 카파리카 크르탐
비담 친다야미 키라야미 자야카라 마두카라
사르바르타 사다나 크르탐 비담 친다야미 키
라야미 차투르바기니 크르탐 비담 친다야미
키라야미 브름기리티카 난디 케스바라 가나
파티 사헤야 크르탐 비담 친다야미 키라야미
나그나스 라마나 크르탐 비담 친다야미 키라
야미 아르한타 크르탐 비담 친다야미 키라야
미 비타라가 크르탐 비담 친다야미 키라야미
바즈라파니 크르탐 비담 친다야미 키라야미
브라흐마 크르탐 루드라 크르탐 나라야나 크
르탐 비담 친다야미 키라야미 바즈라파니 구
햐카디파티 크르탐 비담 친다야미 키라야미
락사 락사 맘

제4회 강장절섭회(剛藏折攝會)

바가밤 시타타파트라 나모 스투테 아시타 나

라르카 프라바스푸타 비카 시타타파트레 즈

바라 즈바라 다카 다카 비다카 비다카 다라

다라 비다라 비다라 친다 친다 빈다 빈다 훔

훔 파트 파트 스바하 헤헤 파트 아모가야 파

트 아프라티 하타야 파트 바라 프라다야 파

트 아수라 비드라 파카야 파트 사르바 데

베뱍 파트 사르바 나게뱍 파트 사르바 약

세뱍 파트 사르바 락사세뱍 파트 사르바 가

루데뱍 파트 사르바 간다르베뱍 파트 사르바

아수레뱍 파트 사르바 킨다레뱍 파트 사르바

마호라 게뱍파트 사르바 부레뱍 파트

사르바 피사 체뱍 파트 사르바 쿰반 데뱍 파

트 사르바 푸타 네뱍 파트 사르바 카타푸타

네뱍 파트 사르바 두르랍기 테뱍 파트 사르

바 두스프렉시 테뱍 파트 사르바 즈바 레뱍

파트 사르바 아파스마 레뱧 파트 사르바 스
라마 네뱧 파트 사르바 티르티 케뱧 파트 사
르바 운맘 데뱧 파트 사르바 비댜 차례뱧 파
트 자야카라 마두카라 사르바르타 사다케뵤
비댜 차례뱧 파트 차투르 바기니뱧 파트 바
즈라 코마리 쿠란다리 비댜라 제뱧 파트 마
하 프라튱기 레뱧 파트 바즈라 상카라야 프
라튱기라 라자야 파트 마하 카라야 마트르가
나 나마 스크르타야 파트 인드라야 파트 브
라흐미니예 파트 루드라야 파트 비스나비예
파트 비스네비예 파트 브라흐미예 파트 아그
니예 파트 마하 카리예 파트 로드리예 파트
카라 단디예 파트 아인드리예 파트 마트리예
파트 차문디예 파트 카라라 트리예 파트 카
파리예 파트 아디묵토카 스마사나 바시니예
파트 예케 칠타 사트바 마마

제5회 문수홍전회(文殊弘傳會)

두스타 칠타 파파 칠타 로드라 칠타 비드바
이사 칠타 아마이트라 칠타 우트파다 얀티
키라 얀티 만트라 얀티 자판티 조한티 우자
하라 가르바 하라 루디라 하라 맘사 하라 메
다 하라 마자 하라 바사 하라 자타 하라 지
비타 하라 마랴 하라 바랴 하라 간다 하라
푸스파 하라 파라 하라 사샤 하라 파파 칠타
두스타 칠타 데바 그라하 나가 그라하 약사
그라하 락사사 그라하 아수라 그라하 가루나
그라하 킨다라 그라하 마호라가 그라하 프레
타 그라하 피사차 그라하 부타 그라하 푸타
나 그라하 카타푸타나 그라하 쿰반다 그라하
스칸다 그라하 운마다 그라하 차야 그라하
아파스마라 그라하 다카다키니 그라하 레바
티 그라하 자미카 그라하 사쿠니 그라하 난
디카 그라하 람비카 그라하 칸타파니 그라하

즈바라 에카히카 드바이 티야카 트레 티야카
차투르타카 니타 즈바라 비사마 즈바라 바티
카 파이티키 스레스미카 산디 파티카 사르바
즈바라 시로르티 아르다바 베다카 아로차카
악시로감 무카로감 흐르드로감 카르니 수람
단다 수람 흐르다야 수람 마르마 수람 파라
스바 수람 프르스타 수람 우다라 수람 카티
수람 바스티 수람 우루 수람 잠가 수람 하스
타 수람 파다 수람 사르방가 프라튱가 수람
부타 베타다 다카다키니 즈바라 다드루 칸듀
키티 바로타바이 사르파로 하링가 소사트라
사가라 비사요가 아그니 우다카 마라베라 칸
타라 아카라므르튜 트라이 무카 트라이라 타
카 브르스치카 사르파나쿠라 심하 뱌그라 릭
사 타라 릭사 차마라 지비베 테삼 사르베삼
시타타 파트라 마하 바즈로 오스니삼 마하
프라 튱기람 야바드바 다사요자나 반타레나

사마 반담 카로미 디사 반담 카로미 파리비
다 반담 카로미 데조 반담 카로미 하스타 반
담 카로미 파다 반담 카로미 사르방가 프라
튱가 반담 카로미
『타댜타 옴 아나례 아나례 비사다 비사다 반
다 반다 반다니 반다니 바이라 바즈라 파니
파트 훔브룸 파트 스바하 나모 스타타 가타
야 수가타 야르하테 사먁삼붇다야 시담투 반
트라 파다 스바하』

법신진언 法身眞言
『옴 아비라 훔 캄 스바하』(108독)

불기 25 년 월 일 사경

대불정능엄신주

백산개다라니(白傘蓋陀羅尼)

스타타가토 스니삼 시타타 파트람 아파라지
탐 프라퉁기람 다라니

제1회 비로진법회(毘盧眞法會)

나맣 사르바 붇다 보디사트 베뱧 나모 삽타
남 사먁 삼붇다 코티남 사스라바카 삼가남
나모 로케아르 한타남 나모 스로타 판나남
나모 스크르타 가미남 나모 아나 가미남 나
모 로케 사먁 가타남 사먁 프라티 판나남 나
모 라트나트 라야야 나모 바가바테 드르다

수리세나 프라하라 나라자야 타타가타 야아
르하테 사먁삼붇다야 나모 바가바테 아미타
바야 타타가타 야아르하테 사먁삼붇다야 나
모 바가바테 악소바야 타타가타 야아르하테
사먁삼붇다야 나모 바가바테 바이사이 자구
루 바이투랴 프라바라자야 타타가타 야아르
하테 사먁삼붇다야 나모 바가바테 삼푸스 피
타사렌 드라라자야 타타가타 야아르하테
사먁삼붇다야 나모 바가바테 사캬무나예 타
타가타 야아르하테 사먁삼붇다야 나모 바가
바테 라트나 쿠수마 케투라자야 타타가타 야
아르하테 사먁삼붇다야 나모 바가바테 타타
가타 쿠라야 나모 바가바테 파드마 쿠라야
나모 바가바테 바즈라 쿠라야 나모 바가바테
마니 쿠라야 나모 바가바테 가르자 쿠라야
나모 데바르시남 나모 싣다 비다 다라남 나
모 싣다 비다 다라르시남 사파누그라하 사마

트리남 나모 브라흐마네 나모 인드라야 나모
바가바테 루드라야 우마파티사 헤야야 나모
나라 야나야 락삼미사 헤야야 팜차 마하 무
드라 나마 스크르타야 나모 마하 카라야 트
리푸라 나가라 비드라파나 카라야 아디묵토
카 스마사나 바시니 마트르가나 나망 스크르
타야 에뵤 나망 스크르트바 이맘 바가바타
스타타가토스니삼 시타타파트람 나마 파라
지타 프라튱기람 사르바데바 나마 스크르탐
사르바데 베뱡 푸지탐 사르바데 베스차 파리
파리탐 사르바 부타그라하 니그라하 카림 파
라비다 체다나 카림 두남타남 사트바남 다마
캄 두스타남 니바라남 아카라므르튜 프라사
마나 카림 사르바 반다 나목사나 카림 사르
바 두스타 두스바프 나니바라남 차투라 시티
남 그라하사 하스라남 비드밤사나 카림 아스
타빔 사티남 낙사트라남 프라사다나 카림 아

스타남 마하 그라하남 비드밤사나 카림 사르
바 사트루니 바라님 구람 두스바프 나남차
나사님 비사사 스트라 아그니우다 카우 트라
님 아파라 지타구라 마하 찬남 마하 디프탐
마하 테잠 마하 스베탐 즈바라 마하 바라 스
리야 판다라 바시님 아랴타라 브르쿠팀 체바
잠 바즈라 마레티 비스루탐 파드마크맘 바즈
라 지흐바차 마라체바 파라지타 바즈라 단디
비사라차 산타바이데하 푸지타 사이미루파
마하 스베타 아랴타라 마하 바라 아파라 바
즈라 상카라 체바 바즈라 코마리 쿠란다리
바즈라 하스타차 마하 비댜 타타캄차 나마리
카 쿠숨 바라타나 체바 바이로차나 쿠다르
토스니사 비즈름 바마나차 바즈라 카나카 프
라 바로차나 바즈라 툰디차 스베타차 카마락
사 사시프라바 이테테 무드라가나 사르베락
삼 쿠르반투 마마샤

제2회 석존응화회(釋尊應化會)

옴 리시가나 프라사스타 타타가토 스니사 훔

브룸 잠바나 훔브룸 스탐바나 훔브룸 보하나

훔브룸 마타나 훔브룸 파라비다 삼박사나카

라 훔브룸 사르바 두스타남 스탐바나카라 훔

브룸 사르바 약사 락사사 그라하남 비드밤사

나 카라 훔브룸 차투라시티남 그라하사 하스

라남 비나사나 카라 훔브룸 아스타빔 사티남

낙사 트라남 프라사다나 카라 훔브룸 아스타

남 마하 그라하남 비드밤사나카라 락사락사

맘 바가밤 스타타가토스니사 마하 프라튱기

레 마하 사하스라부제 사하스라 시르사이 코

티사타 사하스라 네트레 아벰다 즈바리 타나

타나카 마하 바즈로다라 트르부바나 만다라

옴 스바스티르 바바투 마마

제3회 관음합동회(觀音合同會)

라자 바야 초라 바야 아그니 바야 우다카 바

야 비사 바야 사스트라 바야 파라차크라 바
야 두르빅사 바야 아사니 바야 아카라므르튜
바야 다라니부미 참파 바야 우르카파타 바야
라자단다 바야 나가바야 비듀바야 수프라니
바야 약사 그라하 락사사 그라하 프레타 그
라하 피사차 그라하 부타 그라하 쿰반다 그
라하 푸타나 그라하 카타푸타나 그라하 스칸
다 그라하 아파스마라 그라하 운마다 그라하
차야 그라하 레바티 그라하 우자 하리나 가
르바 하리나 자타 하리나 지비타 하리나 루
디타 하리나 바사 하리나 맘사 하리나 메다
하리나 마자 하리나 반타 하리나 아수차 하
리나 치차 하리나 테삼 사르베삼 사르바 그
라하남 비담 친다야미 키라야미 파리브라자
카 크르탐 비담 친다야미 키라야미 다카다키
니 크르탐 비담 친다야미 키라야미 마하 파
수파티 루드라 크르탐 비담 친다야미 키라야

미 타트바가루 다사헤야 크르탐 비담 친다야

미 키라야미 마하 카라 마트르가나 크르탐

비담 친다야미 키라야미 카파리카 크르탐

비담 친다야미 키라야미 자야카라 마두카라

사르바르타 사다나 크르탐 비담 친다야미 키

라야미 차투르바기니 크르탐 비담 친다야미

키라야미 브릉기리티카 난디 케스바라 가나

파티 사헤야 크르탐 비담 친다야미 키라야미

나그나스 라마나 크르탐 비담 친다야미 키라

야미 아르한타 크르탐 비담 친다야미 키라야

미 비타라가 크르탐 비담 친다야미 키라야미

바즈라파니 크르탐 비담 친다야미 키라야미

브라흐마 크르탐 루드라 크르탐 나라야나 크

르탐 비담 친다야미 키라야미 바즈라파니 구

햐카디파티 크르탐 비담 친다야미 키라야미

락사 락사 맘

제4회 강장절섭회(剛藏折攝會)

바가밤 시타타파트라 나모 스투테 아시타 나
라르카 프라바스푸타 비카 시타타파트레 즈
바라 즈바라 다카 다카 비다카 비다카 다라
다라 비다라 비다라 친다 친다 빈다 빈다 훔
훔 파트 파트 스바하 헤헤 파트 아모가야 파
트 아프라티 하타야 파트 바라 프라다야 파
트 아수라 비드라 파카야 파트 사르바 데
베뱌 파트 사르바 나게뱌 파트 사르바 약
세뱌 파트 사르바 락사세뱌 파트 사르바 가
루데뱌 파트 사르바 간다르베뱌 파트 사르바
아수레뱌 파트 사르바 킨다레뱌 파트 사르바
마호라 게뱌파트 사르바 무레뱌 파트
사르바 피사 체뱌 파트 사르바 쿰반 데뱌 파
트 사르바 푸타 네뱌 파트 사르바 카타푸타
네뱌 파트 사르바 두르랑기 데뱌 파트 사르
바 두스프렉시 데뱌 파트 사르바 즈바 레뱌

파트 사르바 아파스마 레밯 파트 사르바 스
라마 네밯 파트 사르바 티르티 체밯 파트 사
르바 운맘 데밯 파트 사르바 비다 차례밯 파
트 자야카라 마두카라 사르바르타 사다케뵤
비다 차례밯 파트 차투르 바기니밯 파트 바
즈라 코마리 구란다리 비다리 제밯 파트 마
하 프라튱기 레밯 파트 바즈라 상카라야 프
라튱기라 라자야 파트 마하 카라야 마트르가
나 나마 스크르타야 파트 인드라야 파트 브
라흐미니예 파트 루드라야 파트 비스나비예
파트 비스네비예 파트 브라흐미예 파트 아그
니예 파트 마하 카리예 파트 로드리예 파트
카라 단디예 파트 아인드리예 파트 마트리예
파트 차문디예 파트 카라라 트리예 파트 카
파리예 파트 아디뭌토카 스마사나 바시니예
파트 예체 칠타 사트바 마마

제5회 문수홍전회(文殊弘傳會)

두스타 칠타 파파 칠타 로드라 칠타 비드바
이사 칠타 아마이트라 칠타 우트파다 얀티
키라 얀티 만트라 얀티 자판티 조한티 우자
하라 가르바 하라 루디라 하라 맘사 하라 메
다 하라 마자 하라 바사 하라 자타 하라 지
비타 하라 마랴 하라 바랴 하라 간다 하라
푸스파 하라 파라 하라 사샤 하라 파파 칠타
두스타 칠타 데바 그라하 나가 그라하 약사
그라하 랔사사 그라하 아수라 그라하 가루나
그라하 킨다라 그라하 마호라가 그라하 프레
타 그라하 피사차 그라하 부타 그라하 푸타
나 그라하 카타푸타나 그라하 쿰반다 그라하
스칸다 그라하 운마다 그라하 차야 그라하
아파스마라 그라하 다카다키니 그라하 레바
티 그라하 자미카 그라하 사쿠니 그라하 난
디카 그라하 람비카 그라하 칸타파니 그라하

즈바라 에카히카 드바이 티야카 트레 티야카
차투르타카 니타 즈바라 비사마 즈바라 바티
카 파이티키 스레스미카 산디 파티카 사르바
즈바라 시로르티 아르다바 베다카 아로차카
악시로감 무카로감 흐르드로감 카르나 수람
단다 수람 흐르다야 수람 마르마 수람 파라
스바 수람 프르스타 수람 우다라 수람 카티
수람 바스티 수람 우루 수람 잠가 수람 하스
타 수람 파다 수람 사르방가 프라튱가 수람
부타 베타다 다카다키니 즈바라 다드루 칸듀
키티 바로타바이 사르파로 하링가 소사트라
사가라 비사요가 아그니 우다카 마라베라 칸
타라 아카라므르튜 트라이 무카 트라이라 타
카 브르스치카 사르파나구라 심하 뱌그라 릭
사 타라 릭사 차마라 지비베 테삼 사르베삼
시타타 파트라 마하 바즈로 오스니삼 마하
프라 튱기람 야바드바 다사요자나 반타레나

사마 반담 카로미 디사 반담 카로미 파라비다 반담 카로미 데조 반담 카로미 하스타 반담 카로미 파다 반담 카로미 사르방가 프라튱가 반담 카로미

『타댜타 옴 아나레 아나레 비사다 비사다 반다 반다 반다니 반다니 바이라 바즈라 파니파트 훔브룸 파트 스바하 나모 스타타 가타야 수가타 야르하테 사먁삼붇다야 시댬투 반트라 파다 스바하』

법신진언 法身眞言

『옴 아비라 훔 캄 스바하』(108독)

불기 25　　년　　월　　일　　　　사경

대불정능엄신주

백산개다라니(白傘蓋陀羅尼)

스타타가토 스니삼 시타타 파트람 아파라지
탐 프라튱기람 다라니

제1회 비로진법회(毘盧眞法會)

나망 사르바 붇다 보디사트 베뱡 나모 삽타
남 사먁 삼붇다 코티남 사스라바카 삼가남
나모 로케아르 한타남 나모 스로타 판나남
나모 스크르타 가미남 나모 아나 가미남 나
모 로케 사먁 가타남 사먁 프라티 판나남 나
모 라트나트 라야야 나모 바가바테 드르다

수리세나 프리하라 나라자야 타타가타 야아
르하테 사먁삼붇다야 나모 바가바테 아미타
바야 타타가타 야아르하테 사먁삼붇다야 나
모 바가바테 악소바야 타타가타 야아르하테
사먁삼붇다야 나모 바가바테 바이사이 자구
루 바이투랴 프리바라자야 타타가타 야아르
하테 사먁삼붇다야 나모 바가바테 삼푸스 피
타사렌 드라라자야 타타가타 야아르하테
사먁삼붇다야 나모 바가바테 사캬무나예 타
타가타 야아르하테 사먁삼붇다야 나모 바가
바테 라트나 쿠수마 케투라자야 타타가타 야
아르하테 사먁삼붇다야 나모 바가바테 타타
가타 쿠라야 나모 바가바테 파드마 쿠라야
나모 바가바테 바즈라 쿠라야 나모 바가바테
마니 쿠라야 나모 바가바테 가르자 쿠라야
나고 데바르시남 나모 싣다 비댜 다라남 나
모 싣다 비댜 다라르시남 사파누그라하 사마

트리남 나모 브라흐마네 나모 인드라야 나모
바가바테 루드라야 우마파티사 헤야야 나모
나라 야나야 락삼미사 헤야야 팜차 마하 무
드라 나마 스크르타야 나모 마하 카라야 트
리푸라 나가라 비드라파나 카라야 아디묵토
카 스마사나 바시니 마트르가나 나망 스크르
타야 에뵤 나망 스크르트바 이맘 바가바타
스타타가토스니삼 시타타파트람 나마 파라
지타 프라튱기람 사르바데바 나마 스크르탐
사르바데 베뱡 푸지탐 사르바데 베스차 파리
파리탐 사르바 부타그라하 니그라하 카림 파
라비다 체다나 카림 두남타남 사트바남 다마
캄 두스타남 니바라남 아카라므르튜 프라사
마나 카림 사르바 반다 나목 사나 카림 사르
바 두스타 두스바프 나니바라남 차투라 시티
남 그라하사 하스라남 비드밤사나 카림 아스
타빔 사티남 낙사트라남 프라사다나 카림 아

스타남 마하 그라하남 비드밤사나 카림 사르
바 사트루니 바라님 구람 두스바프 나남차
나사님 비사사 스트라 아그니우다 카우 트라
님 아파라 지타구라 마하 찬남 마하 디프탐
마하 테잡 마하 스베탐 즈바라 마하 바라 스
리야 판다라 바시님 아랴타라 브르쿠팀 체바
잠 바즈라 마레티 비스루탐 파드마크맘 바즈
라 지흐바차 마라체바 파라지타 바즈라 단디
비사라차 산타바이데하 푸지타 사이미루파
마하 스베타 아랴타라 마하 바라 아파라 바
즈라 상카라 체바 바즈라 코마리 쿠란다리
바즈라 하스타차 마하 비댜 타타캄차 나마리
카 쿠숨 바라타나 체바 바이로차나 쿠다르
토스니사 비즈름 바마나차 바즈라 카나카 프
라 바로차나 바즈라 툰디차 스베타차 카마락
사 사시프라바 이톄테 무드라가나 사르베락
삼 쿠르반투 마마사

제2회 석존응화회(釋尊應化會)

옴 리시가나 프라사스타 타타가토 스니사 훔
브룸 잠바나 훔브룸 스탐바나 훔브룸 보하나
훔브룸 마타나 훔브룸 파라비다 삼박사나카
라 훔브룸 사르바 두스타남 스탐바나카라 훔
브룸 사르바 약사 락사사 그라하남 비드밤사
나 카라 훔브룸 차투라시티남 그라하사 하스
라남 비나사나 카라 훔브룸 아스타빔 사티남
낙사 트라남 프라사다나 카라 훔브룸 아스타
남 마하 그라하남 비드밤사나카라 락사락사
맘 바가밤 스타타가토스니사 마하 프라튱기
레 마하 사하스라부제 사하스라 시르사이 코
티사타 사하스라 네트레 아벰다 즈바리 타나
타나카 마하 바즈로다라 트르부바나 만다라
옴 스바스티르 바바투 마마

제3회 관음합동회(觀音合同會)

라자 바야 초라 바야 아그니 바야 우다카 바

야 비사 바야 사스트라 바야 파라차크라 바

야 두르빅사 바야 아사니 바야 아카라므르튜

바야 다라니부미 캄파 바야 우르카파타 바야

라자단다 바야 나가바야 비듀바야 수프라니

바야 약사 그라하 락사사 그라하 프레타 그

라하 피사차 그라하 부타 그라하 쿰반다 그

라하 푸타나 그라하 카타푸타나 그라하 스칸

다 그라하 아파스마라 그라하 운마다 그라하

차야 그라하 레바티 그라하 우자 하리나 가

르바 하리나 자타 하리나 지비타 하리나 루

디라 하리나 바사 하리나 맘사 하리나 메다

하리나 마자 하리나 반타 하리나 아수차 하

리나 치차 하리나 테삼 사르베삼 사르바 그

라하남 비댬 친다야미 키라야미 파리브라자

카 크르탐 비댬 친다야미 키라야미 다카다키

니 크르탐 비댬 친다야미 키라야미 마하 파

수파티 루드라 크르탐 비댬 친다야미 키라야

미 타트바가루 다사헤야 크르탐 비담 친다야
미 키리야미 마하 카라 마트르가나 크르탐
비담 친다야미 키리야미 카파리카 크르탐
비담 친다야미 키리야미 자야카라 마두카라
사르바르타 사다나 크르탐 비담 친다야미 키
리야미 차투르바기니 크르탐 비담 친다야미
키리야미 브름기리티카 난디 케스바라 가나
파티 사헤야 크르탐 비담 친다야미 키리야미
나그나스 라마나 크르탐 비담 친다야미 키리
야미 아르한타 크르탐 비담 친다야미 키리야
미 비타라가 크르탐 비담 친다야미 키리야미
바즈라파니 크르탐 비담 친다야미 키리야미
브라흐마 크르탐 루드라 크르탐 나라야나 크
르탐 비담 친다야미 키리야미 바즈라파니 구
햐카디파티 크르탐 비담 친다야미 키리야미
락사 락사 맘

제4회 강장절섭회(剛藏折攝會)

바가밤 시타타파트라 나모 스투테 아시타 나
라르카 프라바스푸타 비카 시타타파트레 즈
바라 즈바라 다카 다카 비다카 비다카 다라
다라 비다라 비다라 친다 친다 빈다 빈다 훔
훔 파트 파트 스바하 헤헤 파트 아모가야 파
트 아프라티 하타야 파트 바라 프라다야 파
트 아수라 비드라 파카야 파트 사르바 데
베뱌 파트 사르바 나게뱌 파트 사르바 약
세뱌 파트 사르바 락사세뱌 파트 사르바 가
루데뱌 파트 사르바 간다르베뱌 파트 사르바
아수레뱌 파트 사르바 킨다레뱌 파트 사르바
마호라 게뱌파트 사르바 부테뱌 파트
사르바 피사 체뱌 파트 사르바 쿰반 데뱌 파
트 사르바 푸타 네뱌 파트 사르바 카타푸타
네뱌 파트 사르바 두르람기 테뱌 파트 사르
바 두스프렉시 테뱌 파트 사르바 즈바 레뱌

파트 사르바 아파스마 레뱡 파트 사르바 스
라마 네뱡 파트 사르바 티르티 케뱡 파트 사
르바 운맘 데뱡 파트 사르바 비다 차례뱡 파
트 자야카라 마두카라 사르바르타 사다케뵤
비다 차례뱡 파트 차투르 바기니뱡 파트 바
즈라 코마리 쿠란다리 비다라 제뱡 파트 마
하 프라튱기 레뱡 파트 바즈라 상카라야 프
라튱기라 라자야 파트 마하 카라야 마트르가
나 나마 스크르타야 파트 인드라야 파트 브
라흐미니예 파트 루드라야 파트 비스나비예
파트 비스네비예 파트 브라흐미예 파트 아그
니예 파트 마하 카리예 파트 로드리예 파트
카라 단디예 파트 아인드리예 파트 마트리예
파트 차문디예 파트 카라라 트리예 파트 카
파리예 파트 아디묵토카 스마사나 바시니예
파트 예케 칠타 사트바 마마

제5회 문수홍전회(文殊弘傳會)

두스타 칠타 파파 칠타 로드라 칠타 비드바
이사 칠타 아마이트라 칠타 우트파다 얀티
키라 얀티 만트라 얀티 자판티 조한티 우자
하라 가르바 하라 루디라 하라 맘사 하라 메
다 하라 마자 하라 바사 하라 자타 하라 지
비타 하라 마랴 하라 바랴 하라 간다 하라
푸스파 하라 파라 하라 사샤 하라 파파 칠타
두스타 칠타 데바 그라하 나가 그라하 약사
그라하 락사사 그라하 아수라 그라하 가루나
그라하 킨다라 그라하 마호라가 그라하 프레
타 그라하 피사차 그라하 부타 그라하 푸타
나 그라하 카타푸타나 그라하 쿰반다 그라하
스칸다 그라하 운마다 그라하 차야 그라하
아파스마라 그라하 다카다키니 그라하 레바
티 그라하 자미카 그라하 사쿠니 그라하 난
디카 그라하 람비카 그라하 칸타파니 그라하

즈바라 에카히카 드바이 티야카 트레 티야카
차투르타카 니타 즈바라 비사마 즈바라 바티
카 파이티카 스레스미카 산디 파티카 사르바
즈바라 시로르티 아르다바 베다카 아로차카
악시로감 무카로감 흐르드로감 카르나 수람
단다 수람 흐르다야 수람 마르마 수람 파라
스바 수람 프르스타 수람 우다라 수람 카티
수람 바스티 수람 우루 수람 잠가 수람 하스
타 수람 파다 수람 사르방가 프라틍가 수람
부타 베타다 다카다키니 즈바라 다드루 칸듀
키티 바로타바이 사르파로 하링가 소사트라
사가라 비사요가 아그니 우다카 마라베라 칸
타라 아카라므르튜 트라이 무카 트라이라 타
카 브르스치카 사르파나쿠라 심하 뱌그라 릭
사 타라 릭사 차마라 지비베 테삼 사르베삼
시타타 파트라 마하 바즈로 오스니삼 마하
프라 튱기람 야바드바 다사요자나 반타레나

사마 반담 카로미 디사 반담 카로미 파라비다 반담 카로미 테조 반담 카로미 하스타 반담 카로미 파다 반담 카로미 사르방가 프라튱가 반담 카로미

『타다타 옴 아나레 아나레 비사다 비사다 반다 반다 반다니 반다니 바이라 바즈라 파니 파트 훔브룸 파트 스바하 나모 스타타 가타야 수가타 야르하테 사먁삼붇다야 시댬투 반트라 파다 스바하』

법신진언 法身眞言

『옴 아비라 훔 캄 스바하』(108독)

불기 25 년 월 일 사경

사 경 본

대불정능엄신주경

2014(불기2558)년 3월 20일 초판 1쇄 발행
2023(불기2567)년 11월 9일 초판 5쇄 발행

편 집 · 편 집 실
발행인 · 김 동 금
만든곳 · 우리출판사

서울특별시 서대문구 경기대로9길 62(충정로3가)
☎ (02)313-5047, 313-5056
Fax. (02)393-9696
wooribooks@hanmail.net
www.wooribooks.com

등록 : 제9-139호

ISBN 978-89-7561-319-7 13220

정가 6,000원